Andreas Höll

Halbzeiten für die Ewigkeit

Andreas Höll

Halbzeiten für die Ewigkeit

Über die wichtigste Nebensache der Welt

Gustav Kiepenheuer Verlag

ISBN 3-378-01071-1

1. Auflage 2004

Einbandgestaltung gold, Anke Fesel/Kai Dieterich
Druck und Binden Friedrich Pustet, Regensburg
Printed in Germany

www.gustav-kiepenheuer-verlag.de

Meinem Vater – für gemeinsam durchlittene Niederlagen (Boninsegnas schändliche Schauspielerei!) und errungene Triumphe (unser EM-Gewinn 1972)

Meiner Mutter – als Abbitte für den zertrampelten Rasen und die zerschossenen Rosenbeete

Andreas Höll, 1963 geboren, studierte in Tübingen und an der Stanford University und ist seit 1994 Redakteur beim Kulturradio des Mitteldeutschen Rundfunks. Er hat zahlreiche Beiträge zum Thema Kultur und Fußball im Hörfunk sowie in der »ZEIT« veröffentlicht.

Inhalt

Vorwort

Der Junge, der am Anfang des Buches zu sehen ist – das bin ich im Jahr 1972. Ich stehe vor dem Rosenbeet der Mutter und bin gerade Europameister geworden. Im Nationaltrikot der Größe S hatte ich vor dem Fernseher mitgefiebert und atemberaubende Szenen erlebt: die blitzschnelle Kombination etwa zwischen Beckenbauer, Müller und Netzer – der schießt an den Querbalken, der Ball prallt vor die Beine von Heynckes, Paß zu Müller, und Müller macht das 1:0. Die deutsche Mannschaft hatte Traumfußball geboten, die Sowjetunion schwindlig gespielt, und ich fing an, den schwindelerregenden Traum einer großen Fußballkarriere zu träumen. Der währte immerhin bis zur A-Jugend. Doch in meinen zwölf Jahren bei den Sportfreunden Neusatz – wo wir vor den Spielen das Feld mit Sägemehl markierten, wacklige Linien auf dem viel zu kleinen Platz zogen und in verschossenen, viel zu großen Trikots antraten – konnte ich keinen einzigen Titel in der untersten Klasse im Nordschwarzwald gewinnen.

Allein, die Leidenschaft stirbt zuletzt. Und so fragte ich mich später als Journalist, was uns immer wieder in zugige Stadien oder vor den Fernseher treibt, warum Zehntausende im Chor ein Lied singen, Sonette über die Abstiegsängste des FC Energie Cottbus geschrieben werden oder Fotografen die Skulpturalität von Fußballtoren untersuchen. Kurzum: jenseits der Dramatik – und auch Langeweile – auf dem Platz begann mich der Fußball als kulturelles Phänomen zu interessieren.

Kein Zweifel, von jener legendären EM 1972 bis zur EM 2004 ist viel passiert. Der letzte Rest von Unschuld scheint verschwunden: frühere Arbeitervereine wurden zu Aktiengesellschaften, hinter jedem Trikot steht eine Armee von Merchandisingstrategen, der Poker um Fernsehrechte erscheint als Kampf um Sein oder Nichtsein – und: Jubel ist nicht mehr gleich Jubel.

Und doch: im Stadion gibt es noch Raum für Spontaneität. 1994 mischte ich mich zum Beispiel mit einem Kassettenrekorder unter die Fans von Borussia Dortmund, nahm ihre Gesänge auf und entdeckte: das Volkslied lebt; ganz im Gegensatz zum Chorschaffen der Nationalmannschaft, das allmählich verstummte. Gleichzeitig begann ich zu erkunden, wie sich Schriftsteller und bildende Künstler dem Thema Fußball genähert haben, vor allem seit den neunziger Jahren des vergangenen Jahrhunderts, als der Sport zum Popphänomen wurde. Dabei wurde mir bewußt: alle – ob Fans, Spieler oder Kulturschaffende – arbeiten mit am Gesamtkunstwerk Fußball. Und wem die Stunde schlägt, der erlebt oder schafft gar Halbzeiten für die Ewigkeit.

Bedanken möchte ich mich bei Nicole Büsing, Heiko Klaas, Bert de Leenheer, Katy Müller, Anna Schmidt und Gunnar Volkmann für ihre Hilfe – und nicht zuletzt bei meinem Lektor Jörg Schieke, der das Buch mit viel Esprit und Engagement begleitet hat.

Der Ball im Mittelpunkt des Lebens

Ein Gespräch mit Ottmar Hitzfeld über Rituale in der Umkleidekabine, die Magie von Rosenkranz und Rückennummern und die Wandlungen des Torjubels

Herr Hitzfeld, der Schweizer Künstler Stefan Banz hat 1997 eine Hommage an Ihre Person geschaffen. Er hat den Raum einer Galerie in eine Umkleidekabine verwandelt, hat Sitzbänke reingestellt und Kleiderhaken montiert. Diese Installation, die des weiteren aus Fußballtrikots und einem Fußballvideo bestand, hat er Hitzfeld *genannt. Die Umkleidekabine ist ein sagenumwobener Ort. Was spielt sich dort eigentlich beim FC Bayern vor dem Spiel ab?*

Da herrscht sehr viel Spannung. Man kommt rein, und der Raum ist schon gefüllt mit einer besonderen Luft. Man weiß nicht, was auf einen zukommt. Oft gilt der FC Bayern als Favorit, man hat schwere Spiele, und man hat leichte Spiele. Und auch leichtere Spiele kann man nicht immer gewinnen. Die Mannschaft bereitet sich auf ein Spiel vor. Und da gibt es Rituale wie Stollenwechsel, oder ob erst der linke oder der rechte Fuß mit dem Schuh eingeschnürt wird.

Gibt es da Spieler, die feste Gewohnheiten haben?

Ja, der Zé Roberto etwa. Er zieht immer seinen linken Schuh zuerst an. Ich kenne nicht von jedem Spieler ein solches Ritual. Aber Zé Roberto streichelt vor den Spielen immer liebevoll seine Schuhe, und man sieht ein Funkeln in seinen Augen, was Fußball und Ausrüstung angeht. Er kommt nicht aus den besten sozialen Verhältnissen, hat sich hochgearbeitet und hat eine riesige soziale Möglichkeit bekommen durch den Fußball. Das zeigt, daß er mit Leidenschaft dabei ist.

Wie gehen Sie selbst mit dieser ungeheuren Anspannung um?

Ich freue mich, wenn Anspannung herrscht, weil ich dann sehe, daß sich die Spieler konzentrieren. Es gibt Momente, in denen ich in die Kabine reinkomme und merke, daß keine Spannung vorhanden ist. Da spürt man, die Spieler sind ein bißchen leichtfertig, machen Späße, es herrscht eine lockere Stimmung. Da muß man als Trainer sofort gegensteuern, die Mannschaft wachrütteln, und appellieren, daß wir in wenigen Minuten ein Spiel haben.

In den siebziger und achtziger Jahren waren Sie selbst Fußballprofi, zum Beispiel beim FC Basel oder beim VfB Stuttgart. Wie hat sich seitdem die Atmosphäre in der Umkleidekabine gewandelt?

Im großen und ganzen ist sie gleichgeblieben, die Rituale der Spieler, die Spannung innerhalb der Mannschaft. Nur, daß jetzt mehr Leute dabei sind.

Zum Beispiel?

Der Pressesprecher, der die Aufstellung und letzten Informationen holt. Früher hatte man einen Masseur, heute sind es drei. Bei jedem Spiel ist ein Arzt dabei. Früher war das nicht der Fall. Zudem finden sich oft auch noch ein oder zwei Präsidiumsmitglieder ein. Von Fernsehjournalisten wird man außerdem noch zu einem Interview gebeten, um kurz vor dem Spiel Details preiszugeben. Da muß man schon schauen, daß die Kabine nicht plötzlich überfüllt ist.

Können Sie überhaupt noch alle Spieler in diesem Gewühl finden?

(Hitzfeld lacht) Das ist schon eine Umstellung. Bei kleineren Vereinen habe ich nur meine Mannschaft um mich herum gehabt. Bei den Bayern ist jetzt ein bißchen mehr Zirkus dabei.

Der Künstler Stefan Banz hat seine Installation nicht nur Hitzfeld *genannt, weil er Ihnen mit den Mitteln der zeitgenössischen Kunst ein Denkmal setzen wollte. Er spielt auch mit Ihrem Namen, und der kommt einem plötzlich sehr poetisch vor. Man denkt in diesem Zusammenhang vielleicht an eine Umkleidekabine, wo in der Halbzeitpause die Hitze des Feldes hereinschwappt und die Emotionen hochkochen. Hat Ihr Name auch etwas mit Ihrem Charakter zu tun?*

Als Junge war ich ziemlich hitzig, aufbrausend und manchmal auch jähzornig. Ich habe auf dem Fußballplatz Lehrgeld bezahlt und mich abreagiert. Ich habe viele Fouls gespielt und auch Spieler von hinten umgehauen, wenn ich den Ball verloren hatte. So mußte ich mich selbst erziehen. Dabei hat mir der Fußball sehr geholfen. Es ist halt ein Mannschaftssport mit Regeln, die man einhalten muß.

Können Sie sich noch an Ihren ersten Fußball erinnern?

Das weiß ich nicht mehr ganz genau, aber ich weiß, daß ich mit dem Fußball aufgewachsen bin. Meine drei Brüder, die vier, zwölf und 17 Jahre älter waren, haben immer Fußball gespielt, und bei uns im Garten lagen auch immer Bälle herum. Der Fußball wurde mir quasi in die Wiege gelegt, und sobald ich ein bißchen laufen konnte, stand der Ball schon im Mittelpunkt meines Lebens.

Das waren wohl damals noch die alten braunen Lederbälle …

Ja, die Lederbälle waren noch geschnürt. Das heißt, es war eine Lunge drin, und wenn der Ball kaputtging, konnte man die Lunge rausnehmen, den Ball flicken, die Lunge wieder reinsetzen und dann den Ball wieder zuschnüren. Beim Kopfball allerdings mußte man aufpassen, daß man nicht die Nähte traf.

Wie hat sich das runde Leder sonst so angefühlt, im Unterschied zu den heutigen Kunststoffbällen?

Die Lederbälle waren natürlich sehr schwer, und wenn es geregnet hat, haben sie Wasser aufgesogen, so daß man fast nicht mehr damit spielen konnte. Aber es gab zum Glück noch Plastikbälle, und die waren immer leicht bespielbar, und da hat es auch Spaß gemacht zu jonglieren.

Der Ball ist ein Kultobjekt im Fußball. Das andere sind die Trikots. Wie sah Ihr erstes Trikot aus?

Mein erstes Trikot war blau-weiß. Da muß ich heute aufpassen als Bayern-Trainer, weil ich jetzt die rote Farbe habe, denn unser Lokalrivale 1860 München hat ja blau-weiß, aber so bin ich aufgewachsen beim TuS Stetten in Lörrach. Dort trug ich mein erstes Trikot. Es hatte einen schönen Kragen und man konnte es auch zubinden. Da war ich mächtig stolz drauf.

Hatte Ihr Trikot schon eine Rückennummer?

In der Jugend gab es noch keine Rückennummern, sondern erst, als man mit 18 Jahren in die erste Mannschaft kam. Dort habe ich die Nummer 9 bekommen.

... die Nummer 9. Hat die für Sie eine besondere Bedeutung gehabt?

Ja, für mich schon, weil die Nummer 9 auch die des Mittelstürmers Uwe Seeler war, ein Vorbild von mir. Zu der Zeit spielte er in der Oberliga Nord und dann in der Bundesliga, wo er viele Tore schoß. Auch in der Nationalmannschaft war er überragend. Somit war die Nummer 9 durchaus ein Pseudonym für einen Torjäger.

Die Neun war eine magische Nummer, auch Gerd Müller hat sie später getragen. Dazu gab es zum Beispiel die Zwei für Berti Vogts oder die Drei für Paul Breitner. Heutzutage gehen die Zahlen, auch bei Ihnen beim FC Bayern, bis in die Dreißiger. Was halten Sie denn von dieser Zahleninflation?

Im Grunde ist jeder Spieler froh, wenn er eine eigene Nummer hat und dann die Nummer tragen kann. Auch aus kommerziellen Gründen ist das optimal für die Vereine, da man die Trikots mit der exklusiven Nummer eines Spielers besser vermarkten kann. Aber eigentlich finde ich es schade, denn wenn man ein Fußballspiel schaut, dann ist man immer daran gewöhnt, daß die Fünf hinten drin spielt, wie Franz Beckenbauer als Libero, oder die Zehn als legendärer Spielmacher. Das geht jetzt etwas verloren. Allerdings ist es auch ein Service für die Zuschauer, wenn sie wissen, welche Nummer auf dem Platz ist. Verfolgt man das Spiel im Fernsehen, weiß man gleich, welcher Spieler im Trikot steckt. Wenn man die Nummern permanent ändert wie früher, hat das auch seine Schwierigkeiten. Aber mir persönlich wär's auch lieber von Eins bis Elf spielen zu lassen.

Von der Zahlenmagie bei den Rückennummern zu einem anderen magischen Gegenstand: Stimmt es denn, daß Sie nie ohne Rosenkranz die Kabine verlassen?

Das war nicht immer der Fall, und das ist es zur Zeit auch nicht. Aber in schwierigen Zeiten habe ich auch den Rosenkranz dabeigehabt. Den hat mir meine Frau mitgegeben. Das gibt in bestimmten Momenten Kraft. Gerade, wenn man weiß, man steht mit dem Rücken zur Wand, das wird eine ganz schwierige Situation, man darf nicht verlieren, und wenn man verliert, dann brennt der Baum, dann gibt's riesige Probleme mit der Mannschaft, mit dem Verein, in den Medien. Da hat der Rosenkranz eine beruhigende Wirkung auf mich.

Haben Sie sich dann während des Spiels am Rosenkranz festgehalten?

Ja, so ungefähr. Wenn ich die Hände in die Tasche gesteckt habe und den Rosenkranz in der Hand gehalten habe, wußte ich, es konnte nichts mehr schiefgehen.

Die Fans wiederum versuchen mit lauten Gesängen, den Fußballgott gnädig zu stimmen. Haben Sie einen Lieblingsgesang?

Nein, weil wenn sie singen »Hitzfeld, bester Mann der Welt«, dann denke ich oft, daß irgendwann Schluß ist, und dann wird gepfiffen, und es folgen »Hitzfeld-raus«-Rufe. Da ist man immer sehr vorsichtig.

Im Gegensatz zu vielen anderen Trainern sind Sie sehr beherrscht während des Spiels. Wie wichtig ist es dagegen für die Spieler, daß sie ihre Gefühle auf dem Platz zeigen?

Ich finde nach wie vor, daß Emotionen zum Fußball gehören und daß man auch jubeln kann. Fußball macht so viele Gefühle frei, die einen freuen sich, die anderen weinen, sind traurig, entsetzt – da muß man doch Emotionen ausleben können.

Sie sind also nicht für die gelbe Karte für den übertriebenen Torjubel?

Nein, ich finde das eigentlich sehr schade, weil das eben zum Fußball gehört, daß jemand zum Beispiel das Trikot auszieht oder den Zaun hinaufklettert, um mit den Fans zu feiern. Auch die Fußballfans am Fernseher jubeln und springen hoch und freuen sich. So ein Spieler steht unter großem Druck, und wenn er seine Freude zum Ausdruck bringt, steckt sehr viel Leidenschaft dahinter.

Zu Ihrer aktiven Spielerzeit gab's noch keine Verwarnung für unangemessenen Torjubel. Wie haben Sie denn damals gefeiert?

Ich habe meistens nur einen Arm in die Höhe gestreckt oder bin hochgesprungen und habe gejubelt. Das war alles. Dann bin ich gleich zum Torvorbereiter gegangen und habe mich bedankt. Ich habe mit der Mannschaft zusammen gefeiert.

Heutzutage gibt's dagegen viele, die eher zu flüchten scheinen vor ihrer Mannschaft …

Das sind oft Selbstdarsteller, die sich in den Mittelpunkt stellen wollen. Das sehe ich nicht so gern. Ich mag es mehr, wenn die Spieler miteinander jubeln, und der Schütze auch zum Vorbereiter geht und sich bedankt.

Das sind Szenen, die im Fernsehen einen wichtigen Platz einnehmen. Redet man darüber auch innerhalb der Mannschaft?

Ich spreche das bei Mannschaftssitzungen an. Daß jeder abhängig ist vom Mitspieler und alle einen gemeinsamen Erfolg feiern. Es darf nicht selbstverständlich sein, daß einer zum Star wird, nur weil er den Ball hinter die Linie drückt.

Wie hat sich der Torjubel in den letzten zwanzig, dreißig Jahren verändert?

Extrem! Früher gab's das nicht, dass man sein Trikot auszog, T-Shirts beschriftete, besondere Gesten machte oder einen Tanz um die Eckfahne aufführte. Heute ist viel Show dabei, aber scheinbar mögen die Fans das. Beim Publikum kommt das gut an.

Gehört es heute einfach dazu, dass man sich bewußt inszeniert?

Das ist sicher vorteilhaft. Wir hätten uns das früher nicht getraut. Dazu waren wir viel zu streng erzogen. Die heutige Generation macht sich darüber weniger Gedanken, sie ist selbstbewußter und läßt sich etwas einfallen. Und Fußball, das darf man nicht vergessen, ist sehr viel Show mit einem hohen Unterhaltungswert.

Der beste Entertainer in Ihrer Mannschaft war wohl in dieser Hinsicht der Brasilianer Giovane Elber. Hat Ihnen eine seiner Aktionen besonders gefallen?

Ja, das war die Geste mit der Friedenstaube nach dem 11. September 2001, dem Tag der Anschläge auf das World Trade Center. Mit den Händen hat er eine Bewegung gemacht, welche die Umrisse einer Friedenstaube symbolisieren sollte. Ich war sehr überrascht, daß Elber in diesem Moment noch etwas anderes als Fußball im Kopf hatte und Mitgefühl zeigte.

Besondere Gesten und die Art, wie jemand jubelt – das alles sagt viel über einen Spieler aus. Achten Sie auch sonst auf die Körpersprache, wenn das Ganze nicht inszeniert ist, sondern spontan passiert?

Wenn zum Beispiel Kinder Fußball spielen oder Amateure, dann beobachte ich auch Mimik und Gestik. Schreit ein Spieler seine Mitspieler an oder unterstützt er sie und ist bereit, Fehler anderer auszubügeln? Gestikuliert er, wenn er freisteht und der Ball nicht zu ihm kommt, oder macht man den anderen mit seiner Gestik verrückt? Oder beschuldigt man die Mitspieler für eigene Fehler, um von sich selbst abzulenken? Vor allem das letztere ist eine schlechte Entwicklung.

Eine Entwicklung, die sich verstärkt?

Ja, leider, schon weil die Spieler immer mehr im Mittelpunkt des Geschehens stehen und viele häufig ein Alibi suchen.

Fußball und Gesang

Das Chorschaffen der deutschen Nationalmannschaft – Die Geschichte eines Verstummens

»Ich habe nie an unserer Chancenlosigkeit gezweifelt«, sagte einst der Freiburger Schlußmann Richard Golz. Mit einer ähnlich illusionslosen Einstellung war die deutsche Nationalelf anno 2002 zur Fußballweltmeisterschaft nach Japan und Südkorea gefahren. Aber es kam, wie immer, alles anders: der krasse Außenseiter gewann, dank den Wundertaten seines Welttorhüters, Spiel um Spiel und stand auf einmal im Finale. Hier unterlag man zwar nach großem Kampf gegen Brasilien, doch erstmals in der deutschen Fußballgeschichte wurde eine Endspielniederlage wie ein Sieg gefeiert, und so lautete die Pointe eines seltsamen Turniers: »Deutschland ist Vize-Weltmeister«. Trotz des Überraschungserfolgs machte sich ein diffuses Unbehagen breit, irgend etwas schien zu fehlen. Und spätestens beim Festbankett im Yokohama-Sheraton – als der sangeslustige DFB-Vizepräsident Franz Beckenbauer zum Mikrofon griff und gemeinsam mit Hartmut Engler, dem Frontmann der Schmuserockgruppe Pur, einen uralten Fußballschlager anstimmte – wurde klar, was es war. Es fehlte eben jenes offizielle Lied, das die Auserwählten doch sonst immer pünktlich zum Turnierbeginn aufgenommen hatten. Zum ersten Mal seit 28 Jahren war die deutsche Nationalmannschaft ohne einen eigenen Song bei einer Weltmeisterschaft angetreten. Der Schlußpunkt einer langen Verfallsgeschichte, die zugleich eine Geschichte des Verstummens ist.

Mit der Bierzelthymne *Fußball ist unser Leben* hatte 1974, bei der ersten WM im eigenen Land, ein folgenreiches (west-) deutsches Brauchtum begonnen. Der Laienchor aus hochbezahlten Profis schmetterte damals ein von Schlagerproduzent Jack White geschriebenes Hohelied der Selbstlosigkeit:

Fußball ist unser Leben
der König Fußball regiert die Welt
Wir kämpfen und geben alles,
bis dann ein Tor nach dem andern fällt
Ja, einer für alle, alle für einen,
wir halten fest zusammen
Und ist der Sieg dann unser,
sind Freud' und Ehr' für uns alle bestellt

Vergessen geglaubte Werte wie Ehrgefühl und Aufopferungsbereitschaft wurden beschworen. Das mußte umso anachronistischer wirken in einer Zeit, als diese preußischen Ideale – zu denen auch Gehorsam, Fleiß und Pflichterfüllung gehören – verdächtig erschienen. Die Achtundsechziger waren dagegen zu Felde gezogen, und der SPD-Linke Oskar Lafontaine sollte sich später zu der skandalträchtigen Bemerkung hinreißen lassen, daß man mit jenen Sekundärtugenden auch ein KZ leiten könne. Doch die Nationalspieler waren eben keine Rebellen. So besangen sie sich vielmehr als Teil eines Ganzen, das unendlich größer war als sie selbst.

Ein jeder Gegner will uns natürlich schlagen,
er kann's versuchen, er darf es ruhig wagen.
Doch sieht er denn nicht,
daß hunderttausend Freunde zusammenstehn?

Das Schlagerdebüt der deutschen Elf wurde übrigens durch einen Ausländer vorbereitet. Es war der erste Popstar der Bundesliga. Kein Wunder: Petar »Radi« Radenkovic zeichnete sich nicht nur als exzentrischer Schlußmann aus, der mit seinen riskanten Ausflügen in den gegnerischen Strafraum die Fans zu Begeisterungsstürmen hinriß und seinen Trainer Max Merkel in tiefste Verzweiflung stürzte. »Alle Mätzchen sind zu unterlassen«, befahl der ohnmächtige Coach, doch Radi stürmte weiter. Der Jugoslawe verfügte vielmehr über ein majestätisches Selbstbewußtsein und bezeichnete sich als »bestes Torwart von Welt«. Im deutschen Fußball markiert er den Übergang zu einem neuen Typ und verkörpert den Wandel vom ehrlichen Malocher zum medienbewußten Selbstvermarkter. Dabei gemahnte er an ein Wort von Novalis: »Wir alle entstammen einem uralten Königsgeschlecht, doch wie wenige tragen das Gepräge dieser Abkunft.« Radenkovic war sich dieses Adels bewußt und griff symbolisch nach der Krone, als er Mitte der sechziger Jahre als erster Profifußballer in der Bundesrepublik an das Mikrofon trat:

Bin i' Radi, bin i' König
Alles andre stört mich wenig
Was die andern Leute sagen ist mir gleich
Bin i' Radi, bin i' König
Und das Spielfeld ist mein Königreich

Steh' ich so im Tor,
kommt mir manchmal vor,
Leute nehmen Spiel zu ernst
haben nicht Humor
Ball kommt wie der Blitz
daß ich manchmal schwitz'
doch ich fang' fast alle
mit Humor und Witz

Manchmal schimpft sogar
eigne Spielerschar
wenn ich hab' zuviel riskiert
und nur komisch war
Das macht mir nicht viel
Spiel ist für mich Spiel
Doch wenn es drauf ankommt,
weiß ich was ich will

Der lustige Egozentriker stürmte mit diesem Lied auf Platz 5 der Hitparade, außerdem wurde er mit mehr als 400000 verkauften Schallplatten zum erfolgreichsten singenden Fußballspieler in der Bundesrepublik. Vielleicht lag es auch an seinem ausgeprägten slawischen Akzent, der mustergültig die deutsche Sehnsucht nach Exotik bediente und Schlagergrößen wie Karel Gott oder Bata Illic als Waisenknaben erschienen ließ. Seine Nachfolgesingle *Bißchen Glück in der Liebe* brachte es immerhin noch auf Platz 36, doch dann verblaßte der Stern des Torwarts von 1860 München. Seinen Niedergang hatten indessen die mißgünstigen Bayern-Fans schon lange vorweggenommen, als sie sangen: »Bin i' Radi, bin i' Depp, König ist der Maier Sepp.« Diese Behauptung wurde mit sportlichen Fakten untermauert, als sich 1860 nach dem Gewinn der Deutschen Meisterschaft im freien Fall befand und Bayern München im Gegenzug sogar den Europokal holte. Mochte auch die fußballerische und musikalische Karriere des Jugoslawen zu Ende gehen, so hatte die Konkurrenz doch schnell begriffen: Von Radi lernen, heißt singen lernen. Und so schickten die Bayern ihre Stars ins Studio. Drei Fußballgrößen probierten sich aus, und nicht von ungefähr sollten sie später zu den Leistungsträgern im Chor der deutschen Nationalelf zählen. Den Anfang machte Franz Beckenbauer, der 1966 die guten alten Zeiten des Amateurfußballs und den Herbergerschen Mythos des »Elf-Freunde-müßt-ihr-sein« beschwor und somit auch die Kernbotschaft von *Fußball ist unser Leben* vorwegnahm:

Gute Freunde kann niemand trennen
Gute Freunde sind nie allein
Weil sie eines im Leben können
Füreinander da zu sein

36 Jahre später sollte diese schlichte Weise, wie eingangs erwähnt, ihre überraschende Auferstehung feiern, als Beckenbauer beherzt das Vakuum füllte, welches durch das fehlende WM-Lied entstanden war.

Diese Langzeitwirkung seines Schlagers hätte er sich bei seiner Gesangspremiere in den sechziger Jahren wohl nicht träumen lassen. Denn: nicht jedes Fußball-Lied hat das Zeug zu einem Klassiker. Das trifft auch auf einen Song zu, der für den Jahrhundertstürmer Gerd Müller geschrieben wurde. Darin schilderte er in lockerem Ton den allwöchentlichen Erwartungsdruck:

Jeden Samstag nachmittag, ja da ist was los
Immer wieder ist die Spannung riesengroß
Alle wollen Tore sehen, das ist sonnenklar
Wenn es klappt, dann ist das wunderbar.

Das Entspannte, fast Amateurhafte – »dann ist das wunderbar« – macht den Charme diesen Lieds aus. Müller war das, was man einen Instinktfußballer nennt, und ebenso unbekümmert klang auch, was er mit brüchig-monotoner Stimme zu sagen und zu singen hatte:

Alle passen schrecklich auf, Tore sind das Ziel
Ja, so ist es immer neu bei jedem Spiel
Einmal kommt die Flanke rein, ich komm' angezischt
Und schon habe ich den Ball erwischt.

Dann macht es bumm hieß diese knittelversgespickte Weise aus dem auch innenpolitisch überaus explosiven Jahr 1968. Der notorische Spaßvogel Sepp Maier wählte dagegen typgerecht einen Spruch von Wilhelm Busch und sang *Humor ist, wenn man trotzdem lacht*.

Maier, Beckenbauer, Müller: die Achse der Guten hatte überdies eine bedeutsame Mission zu erfüllen. Ihre Lieder gehörten zu dem verzweifelten Versuch der heimischen Schlagerindustrie, angesichts der ungemein erfolgreichen angloamerikanischen Popmusik die eigenen Marktanteile zu sichern. Nicht zuletzt dank der sangeserprobten Bayernstars trug *Fußball ist unser Leben* seinen Teil zum Erhalt des deutschen Liedguts bei und schaffte es auf Platz 27 der Hitparade. Das Erfolgsrezept: der von Bayern dominierten Nationalelf nahm man nicht nur

die pathetischen Verse, sondern auch die volkstümelnd-bajuwarische Folklore ab.
Ganz anders klang dagegen anno 74 das WM-Lied aus dem östlichen Nachbarland, das seinerzeit von dem berüchtigten Fernseh-Ekel Alfred geflissentlich als »Zone« bezeichnet wurde. Das Stück des ostdeutschen Schlagersängers Frank Schöbel begann mit verzerrten E-Gitarren-Riffs, die durchaus an die britische Rockgruppe Deep Purple erinnerten. Er selbst war begeisterter Fußballer und Star des DEFA-Fußball-Musicals *Nicht schummeln, Liebling* gewesen. Seinen Song kann man getrost als die halboffizielle Hymne der DDR-Auswahl bezeichnen: die Mannen von Trainer Georg Buschner sangen zwar selbst nicht mit, waren aber auf der Rückseite der Amiga-Single abgebildet. *Ja, der Fußball ist rund wie die Welt* war diese Komposition überschrieben, die nach dem rockigen Intro im seichten Schlager versandete. Auch der Text kommt auf den ersten Blick eher bieder daher:

Ja, das runde Leder, Tore seh'n will jeder
Keiner soll im Abseits steh'n
Bringt das Spiel ins Rollen, wie es alle wollen
Laßt euch keinen Ball entgehen

Heute woll'n wir sehen, wie die Chancen stehen
Alle fiebern mit zuhaus'
Laßt den Fußball leben, Tore muß es geben
Laßt nicht einen Ball ins Aus

Unser Herz wird mit euch sein
Nein, ihr spielt nicht allein.

Doch wer zwischen den Zeilen zu lesen versteht, kann eine unterschwellige Sehnsucht nach der großen weiten Welt ausmachen, die so nah hinter der Mauer lag: »Keiner soll im Abseits steh'n« lautet die verdeckte Forderung nach unreglementierter Bewegungsfreiheit. Doch es war klar, daß gewöhnliche

DDR-Fans nicht in die Bundesrepublik reisen durften, deshalb heißt es: »Alle fiebern mit zuhaus' « oder »Unser Herz wird mit euch sein«. Es sind Chiffren für das ungeheure Fernweh, das sich auch im Titel widerspiegelt: der Fußball steht als Metapher für den ungeteilten blauen Planeten.

Wenige Wochen vor der WM hatte Bundeskanzler Willy Brandt zurücktreten müssen, nachdem sein Referent Günter Guillaume als Ost-Spion enttarnt worden war. Diese Spannungen prägten auch das legendäre Spiel im Hamburger Volksparkstadion, das im Vorfeld zu einer Schlacht der Systeme hochstilisiert worden war. Die DDR besiegte zwar die Westdeutschen nach dem epochemachenden Tor von Jürgen Sparwasser, doch am Ende holte das Team von Helmut Schön den Pokal. Für die DDR sollte es die erste und letzte Teilnahme bei dem wichtigsten internationalen Fußballturnier gewesen sein – also auch das erste und letzte WM-Lied.

Als Weltmeister hatte sich die Bundesrepublik dagegen automatisch für die Spiele 1978 in Argentinien qualifiziert. Bei dieser abermaligen Haupt- und Staatsaktion wollte sich der Deutsche Fußball-Bund nicht mehr allein auf die Sangeskraft seiner besten Spieler verlassen. Man schien den ungeschulten Stimmen zu mißtrauen und verpflichtete einen professionellen Vorsänger. Während jedoch der Politgrafiker Klaus Staeck bissige Plakate gegen die christdemokratische Verharmlosung der lateinamerikanischen Militärdiktatur entwarf, sang Udo Jürgens im Verein mit den deutschen Kickern:

Buenos dias, Argentina, guten Tag, du fremdes Land
Buenos dias, Argentina, komm wir reichen uns die Hand
Buenos dias, Argentina, so heißt meine Melodie
Und sie soll uns zwei verbinden, mit dem Band der
Harmonie.

Die Spieler brummten ohne Murren mit bei dem von Verbrüderungsphantasien getragenen Schlager eines Österreichers. Von ihm hatte sich ein prominenter Landsmann, Bundeskanzler

Bruno Kreisky, inspirieren lassen, als er sein Land mit aufsehenerregenden Initiativen wie der Unterstützung der als terroristisch verschrienen PLO international in die Schlagzeilen brachte und einmal völlig überraschend bekannte: »Wenn ich Udo Jürgens höre, kommen mir die besten Ideen.«

Doch ausgerechnet gegen Österreich schieden die Deutschen in der zweiten Finalrunde mit 2:3 aus. Die deutschen Stürmer hatten immer wieder das Tor verfehlt, so daß der österreichische Reporter Edi Finger nach verpaßter Riesenchance eines Schalkers jubeln konnte: »Der brave Abramczik, a'busserln könnt' i' di', a'busserln.« Wie auf dem Platz, so auch beim Singen: der direkte sportliche und musikalische Vergleich zweier Fußballstars verdeutlichte die Überlegenheit der damals überaus starken Österreicher. Berti Vogts schoß ein Eigentor und bekam seinen Gegenspieler Hans Krankl nie in den Griff. Der war ins Gelingen verliebt und hatte seinen unbedingten Siegeswillen in die unsterblichen Worte gefaßt: »Wir müssen gewinnen, alles andere ist primär.« Aber auch gesanglich konnte Vogts nicht mithalten. So hatte der Verteidiger einst zusammen mit Showmaster Ilja Richter den Blödelsong *Trainer lügen nicht* aufgenommen, während sich Krankl als ambitionierter Sänger im Fahrwasser von André Heller, Georg Danzer und Wolfgang Ambros profilierte.

Die WM 78 war also für die Deutschen in doppelter Hinsicht deprimierend. Nicht nur, daß sie als Titelverteidiger enttäuschten. Sie lieferten vielmehr mit *Buenos dias, Argentina* einen lupenreinen Schmachtfetzen ab, bei dem vom Fußball überhaupt keine Rede war, dafür umso mehr von unverwüstlichen Klischees wie zum Beispiel: »Wenn die rote Sonne glüht, rauscht von ferne der La Plata«.

Mit einem ähnlichen Rezept traten 1982 die Nationalelf und der deutsche Barde Michael Schanze an. Und auch die WM-Hymne *Olé España* pries in schönster Reiseführer-Lyrik die Exotik des Gastlandes und die Macht der Erotik:

Das Herz hat einen Namen, in Spanien nennt man es
el corazón
Wenn sich zwei Herzen finden, dann wissen sie genau,
wovon das kommt
Es kommt von vino und von flamenco und den canziones
und von amor
Und bist du einmal verliebt in Spanien, wird es so schön
sein wie nie zuvor

Die Sehnsucht nach Harmonie und die Konzentration auf den touristischen Aspekt kennzeichneten diese Verse. Vielleicht kann man sie im nachhinein auch als Flucht vor der sportlichen Herausforderung deuten. Jedenfalls verloren die Westdeutschen im Finale gegen Italien klar mit 1:3.

Vier Jahre später, der Super-Gau von Tschernobyl am 26. April 1986 bestimmte noch die Schlagzeilen, flog die Elf – nun von Franz Beckenbauer trainiert – nach Mexiko City. Der musikalische Teamchef machte das Singen zur Chefsache. Zur Deutschland-Hymne sollten die Spieler nicht nur vor sich hinstarren, sondern gefälligst den Mund aufmachen. Diese Bemühungen fielen nicht durchweg auf fruchtbaren Boden, denn immer wieder sah man düster dreinschauende Kicker, die verzweifelt nach den korrekten Lippenbewegungen zu den Hoffmann-von-Fallersleben-Versen suchten. Einer jedoch sollte von diesem Ritual tief beeindruckt und für seinen späteren Lebensweg geprägt werden: Oliver Bierhoff, der als Schütze des ersten Golden Goal bei der Europameisterschaft in England Geschichte schrieb. Noch zu seiner aktiven Zeit sagte er mit vaterländischem Stolz: »Meine erste bewußte Kenntnisnahme der deutschen Nationalhymne steht sinnigerweise in enger Verbindung mit meinem heutigen Beruf des Fußballprofis, oder genauer gesagt, der mit dem Berufsfußball verbundenen Auszeichnung, in der deutschen Nationalmannschaft spielen zu dürfen. Als kleiner Junge stehe ich bei der Übertragung eines Länderspiels während des Abspielens der deutschen Nationalhymne vor dem Spiegel, versuche die Spieler in ihrer strammen, konzentrierten Haltung nachzuahmen und singe die Hymne mit, während ich davon träume, auch einmal einer von ihnen zu sein.«

Beckenbauers Einsatz in Sachen Nationalhymne sollte also damals noch nicht absehbare Folgen für den deutschen Fußball zeitigen. Doch neben der patriotischen Sangespflicht gab es auch 1986 wieder die Kür. Im Studio hatte die Nationalelf einen gemeinsamen Song mit Leadsänger Peter Alexander aufgenommen – und bei diesem Titel stand der Fußball wieder im Mittelpunkt. In einer kühnen Volte wollte sie Abschied nehmen vom biederen Schlager und sich beflügeln lassen von der subversiven Kraft der schwarzen Ghettokultur. So hieß der Song *Fußball-Rap*:

> Die ganze Menge johlt, denn unser Stürmer holt
> Sich einen Flankenball im freien Fall
> Und schießt ihn nur ganz knapp am Tor vorbei
> Er rauft sich das Haar, weil's daneben war
> Und fällt vor Wut vor'm Gegner auf die Knie
> Denn dieser Schuß war halt schon Fehlschuß Nummer 2
> Er ruft: Ha, ha, das ist doch net wahr
> Oh, oh, ich bin nicht mehr klar
> Si, si, daß ich so daneben lieg'

Diese pessimistischen Reime warfen einen düsteren Vorschein auf das Finale, wo die Bundesrepublik wiederum geschlagen wurde. Ebenso dunkle Verse hatten gar das Karriere-Ende mancher Kicker vorweggenommen:

> Dir tun die Knochen weh
> Und du kannst kaum noch geh'n
> Und abends sitzt du da
> Und denkst drüber nach
> Wie es weiter geht
> Wenn der Ball
> sich nicht mehr für dich dreht

Da half es auch nicht, daß vor der WM ein deutscher Spieler den Adelsschlag erhielt und als erster Nicht-Engländer im Mutterland des Fußballs besungen wurde. Das Duo Alain & Denise huldigte dem europäischen Fußballer des Jahres und gefeierten Legionär von Inter Mailand:

Over in West Germany
There's a football player
With sexy knees
With sexy knees?
With sexy knees!
Talking 'bout a man with sexy knees
Karl-Heinz Rummenigge
What a man
Rummenigge
Rummenigge
I'm a fan.

Der Starfußballer als Sex-Objekt der besonderen Art – in der bayrischen Interpretation von Cleo Kretschmer und Wolfgang Fierek klang es bedeutend deftiger und fleischlicher, so daß man ebenso an das altehrwürdige Metzgershandwerk denken konnte.

Karl-Heinz Rummenigge
Der hat Hax'n
Karl-Heinz Rummenigge
Schee sans g'wachsen
Rummenigge, Rummenigge
Tag und Nacht

Mit seinen schön gewachsenen Haxen hatte Rummenigge zwar im Finale gegen Argentinien ein Tor gemacht, doch er konnte die Deutschen nicht zum dritten Titelgewinn führen. So fehlte ihm zur Krönung seiner Karriere ein WM-Erfolg, den Maradonas Mannen nach einem dramatischen 3:2 einheimsten.

1990, im Honeymoon der Vereinigung, besinnt man sich auf eine Lichtgestalt des deutschen Fußballs. Teamchef Bekkenbauer, der Weltmeister von 1974, inspirierte damals den *Kaiser-Rap*. Nun komponiert und singt wieder Udo Jürgens, der diesmal in die Rolle des Interviewers schlüpft:

Bevor es losgeht an den Teamchef ein paar Fragen:
Spielt die Mannschaft heut' verhalten oder wird sie alles
wagen
Heut' beim Training war ja klar zu sehn
Daß die Männer motiviert sind und ihr Handwerk gut
versteh'n
Ist die Stimmung im Lager optimal?

»Schau mer mal« – mit dieser schon damals klassischen Sentenz antwortet Beckenbauer dem Sportreporter, die Nationalspieler flöten im Chor: »Schau, schau, oooooh ...«. Bemerkenswert ist, daß in diesem offiziellen WM-Lied sogar echte Probleme angesprochen werden. Udo Jürgens, der sich auch ansonsten gern als Mitschunkel-Moralist (*In diesem ehrenwerten Haus*) inszenierte, bricht die Tabus gleich reihenweise. Zum Beispiel das Thema Alkohol: »Sind ein, zwei Bier am Abend nicht riskant?« fragt er, was Beckenbauer abermals mit einem »Schau mer mal« vom Tisch wischt. Vielleicht rührt sein entspannter Umgang mit Suchtgefahren aber auch von den Erfahrungen des legendären Trainers Max Merkel her: »Im Training habe ich mal die Alkoholiker meiner Mannschaft gegen die Antialkoholiker spielen lasssen. Die Alkoholiker gewannen 7:1. Da war's mir wurscht. Da hab' i' g'sagt: Sauft's weiter.«

Sachkundig wird aber auch ein anderes brisantes Thema angeschnitten, das Beckenbauer als Spieler selbst betroffen hatte. Es geht um den sexuellen Notstand im Trainingslager. Helmut Schön hatte 1974 Keuschheit verordnet. So mußten die Spielerfrauen draußen bleiben. Udo Jürgens packt dieses heiße Eisen 16 Jahre später noch einmal an:

Wie halten Sie die ganze Meute denn vital?
Sind die Spielerfrauen dabei oder stört das die Moral?

Beckenbauer antwortet mit einem launigen »Ah geh« und macht deutlich, daß unter seiner Führung die sexuelle Selbstbestimmung der Fußballer praktiziert wird.

Um die Folgen der mehrwöchigen Lagerhaltung abzumildern, bezog das Team in der Vorbereitung drei verschiedene Quartiere. Vor allem aber konnten die Spieler ihre Frauen sehen. Mit der Schlagzeile »Vergelt's Gott, Franz!« unterstützte gar die Bild-Zeitung diese Entspannungsmaßnahme.

Das war nicht immer so. Noch 1987 beschrieb der frühere Nationalkeeper Toni Schumacher in seinem Buch *Anpfiff. Enthüllungen über den deutschen Fußball* die hormonellen Probleme von kasernierten Nationalspielern und ging gar so weit zu fragen: »Warum sollten wir nicht käufliche Schöne einladen, die unter medizinischer Kontrolle stehen?« Auch Beckenbauers Nachfolger Berti Vogts gab sich *in sexualibus* liberal: »Sex vor dem Spiel? Das können die Jungs halten, wie sie wollen. Nur in der Halbzeit, da geht nichts.«

Der *Kaiser-Rap* jedenfalls hatte souverän alle Problemthemen behandelt und den Kopf der Spieler für ihre eigentlichen Aufgaben freigemacht. Man hatte sich sängerisch auf das Wesentliche konzentriert und sich ausschließlich mit dem Fußball und dem vielzitierten »Umfeld« befaßt. Es war keine hohe Kunst, aber solides Handwerk. Und vor allem: die Kohler, Littbarski, Matthäus, Häßler und Völler sangen selbst.

Ganz anders Gastgeber Italien. Diese Nation beherrschte zwar laut einem deutschen Nachkriegsklischee nur zwei Dinge, nämlich Eismachen und Singen, doch war sie sich zu schade, die *squadra azurra* ans Mikrofon zu schicken. Dafür sollte die große Rockröhre Italiens an die Front: Gianna Nannini im Verein mit Eduardo Bennato. *Notte magiche*, verzauberte Nächte, hieß ihr WM-Song:

Vielleicht wird nicht gerade ein Lied
die Spielregel ändern können,
aber ich möchte dieses Abenteuer
auf diese Art erleben,
ohne Grenzen und das Herz in der
Kehle. Die Welt in einem Rausch von Farben
Und der Wind streichelt die Fahnen.
Ein plötzlicher Schauder packt dich
Und auf einmal läßt du deine
Verrücktheit los: Verzauberte Nächte,
Sehnsucht nach einem Tor,
unter dem Himmel eines italienischen Sommers.
In deinen Augen
Siegeswillen:
Ein Sommer,
ein Abenteuer mehr
Jener Traum, der im Kindesalter
Beginnt
Und dich immer weiter trägt,
ist kein Märchen – aus den
Umkleidekabinen
kommen die Spieler, wir sind es

Gianna Nannini hatte den Fußball als poetische Projektionsfläche für eine Liebesgeschichte verwendet. Doch das Lied konnte »jenen Traum, der im Kindesalter beginnt« – den Gewinn der Weltmeisterschaft im eigenen Land – nicht beflügeln. Die Italiener schieden im Elfmeterschießen gegen Maradonas Mannschaft aus. So konnten die Deutschen Revanche für die Finalniederlage 1986 nehmen und besiegten im Endspiel Argentinien mit einem hauchdünnen 1:0 – die Bundesrepublik war zum dritten Mal Weltmeister. Gerührt konnte Beckenbauer im Rückblick feststellen: »Damals hat die halbe Nation hinter dem Fernseher gestanden.«

Beim nächsten Turnier in den USA verzichtete die deutsche Équipe auf einen Vorsänger, Udo Jürgens mußte dieses Mal vor der Studiotür bleiben. Wie zwanzig Jahre zuvor versuchte sie sich wieder im kollektiven Chorgesang, jedoch verstärkt durch eine professionelle Popgruppe. Die Fußballer erhielten Unterstützung von den Village People – bekannt geworden durch den in Schwulenkreisen äußerst beliebten Hit *YMCA*, der das muntere Herbergstreiben im Christlichen Verein Junger Männer feiert. Man schreibt das Jahr 1994, und die Kicker begehen einen unerhörten Tabubruch. Zum ersten Mal singen sie auf Englisch. In unverbindlichen Versen wird die fröhliche Ideologie des Gastlandes beschworen:

Far away in America
We're gonna make it
Find the chance and take it
Play in America
We're gonna make it
Getting up and shake it

Nichts wurde erreicht, die wortreich beschworene Chance blieb ungenutzt: im Viertelfinale gegen Bulgarien war Endstation. Eigentlich hätte man gewarnt sein müssen, denn beim deutschen Fußball und der englischen Sprache handelt es sich um eine durch und durch unglückliche Beziehung. So hatte schon Deutschlands bekanntester Sportreporter zwei Jahre zuvor offenbart: »Da singen sie: We are red, we are white, we are Danish dynamite – wir sind rote, wir sind weiße, wir sind dänische … äh.« Heribert Fassbenders Probleme des Übersetzens hätten hellhörig machen müssen. Wenn schon ein Akademiker scheitert, wie bitteschön sollen sich Fußballprofis ohne höheren Schulabschluß mit englischen Texten identifizieren? Der Leitwolf Lothar Matthäus versuchte tapfer, sich den sprachlichen Erfordernissen in einer globalisierten Welt zu stellen und sagte wagemutig: »I hope we have a bit lucky.« Mit dieser verwegenen Konstruktion begründete er seine Spielart des *Fränglisch*, jener für ihn typischen Mischung aus Fränkisch und Englisch, und allen Zweiflern sollte er später entgegenhalten: »Jeder, der mich kennt und der mich reden gehört hat, weiß genau, daß ich bald Englisch in sechs oder auch schon in vier Wochen so gut spreche und Interviews geben kann, die jeder Deutsche versteht.«

Mit demselben Selbstbewußtsein verweigerte er sich übrigens kategorisch der Sprache des Nachbarlandes, als er über sich in der dritten Person sagte: »Ein Lothar Matthäus spricht kein Französisch.« Französisch schied also aus, als es nach Frankreich ging. Doch wie schon bei der WM in den USA wurde auch 1998 auf das deutsche Idiom verzichtet. Hatte 1994 die Verfallsgeschichte des Liedschaffens der Nationalmannschaft begonnen, so sollte sie nun ihren endgültigen Tiefpunkt erreichen. Denn beim *coupe mondiale* kommt es gleich zu zwei weiteren Tabubrüchen, die das Ende besiegeln. Schuld daran ist ausgerechnet Berti Vogts, der 1974 selbst bei der Gesangspremiere dabei war. Als Bundestrainer unternimmt er zunächst etwas bislang Einmaliges: er selbst regt eine WM-Hymne an. Sein erster Fehler – er ist zu voreilig: das Stück wird bereits aufgenommen, als das deutsche Team noch gar nicht für das Turnier in Frankreich qualifiziert ist; deshalb der peinliche hochoffizielle Untertitel: »Auftragskomposition des DFB für die Qualifikationsspiele zur Fußball-WM«. Und zweitens, und das ist die Todsünde: er wird zum Totengräber des Laienchors. Die Nationalmannschaft tut das Unvorstellbare: sie hört auf zu singen. Statt dessen wird der Gesang an einen bunten Haufen fußballfremder Musikprofis delegiert. So interpretieren ein schwedischer Rockstar und eine kanadische Opernsängerin einen englischsprachigen Song des DFB, den ein Brite geschrieben hat. Das Lied heißt *Running with a dream* und wurde bezeichnenderweise in den Londoner Abbey Road Studios aufgenommen, wo die bereits zerstrittenen Beatles ihre letzten Alben vor dem endgültigen Ende aufgenommen hatten. Und auch der englische Text beschwört lediglich vage Sehnsüchte. Nicht einmal fällt das Wort Fußball. Von einem unbestimmten Traum ist die Rede, von brennendem Verlangen. Dazu die Angst, die große Chance zum abermaligen Titelgewinn zu verpassen.

Running with a dream
Burning deep inside
Don't let it bring you down
Don't let this chance go by

Das Lied entpuppte sich als matter Abgesang auf eine großen Tradition. Kein Wunder, daß bei der WM 2002 alles vorbei war.

Viel ist geschrieben worden über das Verstummen des deutschen Schriftstellers Wolfgang Koeppen, viel Tinte wurde vergossen über das Schweigen des Jahrhundertkünstlers Marcel Duchamp. Doch das sängerische Sterben der deutschen Nationalmannschaft vollzog sich in aller Stille. Vielleicht aber gibt es eine Wiederauferstehung bei der WM 2006, die wieder im eigenen Land stattfindet. Und falls dieses Wunder möglich werden sollte, dann müßte auch Franz Beckenbauer wieder mitsingen, dieses Mal als Präsident des nationalen Organisationskomitees. Denn statistisch betrachtet spricht alles dafür, daß Deutschland mit dem singenden Kaiser – wie schon 1974 und 1990 – erneut Weltmeister wird.

Das Volkslied lebt – Fans und ihre Weisen

»Bedanken möchten wir uns bei den Fans, auf denen wir uns immer verlassen konnten«, sagte seinerzeit – tief bewegt und ohne Ansehen der Grammatik – Andreas Brehme. Der Weltmeister hatte recht. Die Anhänger ließen die Profikicker nie im Stich, auch nicht, was deren sängerische Unterstützung betraf. Ein Verstummen, wie im Falle der Nationalelf, ist auf den Rängen jedenfalls unvorstellbar. Statt dessen pflegt man im Stadion unverdrossen die Chorkultur, und es ist nicht übertrieben zu sagen: es ist der einzige Ort, wo das deutsche Volkslied lebt.

Zum einen wird hier noch spontan gesungen. Ganz im Gegensatz zu Musikantenstadln und Volksmusikhitparaden herrscht saft- und kraftvolles Brauchtum. Nicht Folkoreprofis wie Hansi Hinterseer oder Marianne und Michael schmettern ihre Lieder, sondern leidenschaftliche Amateure. Es ist eine Sangeskultur, wie in jenen Blütezeiten der authentischen Volksmusik bis in das 19. Jahrhundert hinein, als nicht die saubere Intonation zählte, sondern allein der hingebungsvolle und ungekünstelte Vortrag.

Zweitens unterliegen die Texte des »echten« Volkslieds nicht dem Diktat der bürgerlichen Wohlanständigkeit. Anders als bei den geglätteten »Kunstliedern im Volkston«, die im 19. Jahrhundert etwa von Friedrich Silcher geschrieben wurden, anders als bei den gefönten Schlagern der Gegenwart, hat hier auch Obszönes und politisch nicht Korrektes seinen Platz, und so erinnern viele Fangesänge an die wüsten und unanständigen Lieder des gemeinen Volkes, die zu später Stunde in den Wirtshäusern gesungen wurden.

Nicht zuletzt bieten die zeitgenössischen Fußballweisen Platz für Improvisation. Das erinnert an jene ursprünglichen Balladen, die vielleicht in freier Zweistimmigkeit von zwei alten Frauen dargeboten, oder an jene frechen, situationsgebundenen Vierzeiler, die unmittelbar auf dem Tanzboden gedichtet und vorgesungen wurden.

So haben Fangesänge die Kraft des Volkslieds aufbewahrt. Ohne sich um professionelle Standards zu scheren, erhebt man die eigene Stimme; ohne sich von der *political correctness* verunsichern zu lassen, textet man drauflos; und ohne sich sklavisch an Partituren und Gesangsbücher zu halten, läßt man spontane Einfälle zu.

Einerseits zeugen die Fußball-Lieder vom Eigensinn der Anhänger. Der kann die Arroganz von Funktionären und millionenschweren Profis anprangern, er kann sich aber auch in rassistischen Parolen äußern.

Zum andern sind die Fangesänge eine willkommene und überdies kostenlose Dienstleistung im Medienzeitalter – zur Freude der Fernseh- und Radioreporter. Denn was wäre der Fußball ohne »Atmo«? Ein gespenstischer Stummfilm.

Versagen sich die Fans, kommen sie nicht in Wallung, verzweifeln die Kommentatoren, wie etwa der Schweizer Sascha Rufer beim Spiel Lausanne gegen Grasshoppers Zürich: »Die Stimmung auf den Rängen kommt mir vor wie bei der Einweihung einer Kläranlage.« Die Begleitmusik der Anhänger wird heute stillschweigend vorausgesetzt. Doch man hat die musikalischen Fähigkeiten der Fans lange Zeit unterschätzt. Erst im letzten Jahrzehnt hat sich das geändert, als sie von der Forschung entdeckt wurden. Der Musikwissenschaftler Reinhard Kopiez betrat damals Neuland und untersuchte mit aller gebotenen Distanz das Liedgut deutscher Schlachtenbummler, erst intensiv lauschend, dann sorgfältig transkribierend und schließlich immer mehr staunend. Der Pionier der Fangesangsforschung wurde von der Musikalität der Massen völlig überrascht und stieß auf ein unerklärliches Phänomen: das »kollektive Tonhöhengedächtnis«. Was das ist? Ganz einfach: Scheinbar traumwandlerisch treffen Zehntausende von Fans immer wieder exakt den gleichen Anfangston, obwohl kein Gotthilf Fischer hier seine Stimmgabel anschlägt. Fußballfans haben offensichtlich ein präzises musikalisches Gedächtnis – die Langzeitstudie hat es bewiesen.

Das Repertoire dagegen ist übersichtlich. Nur ein bis zwei

Dutzend Lieder stehen auf dem Programm, darunter Karnevals- und Stimmungslieder wie »So ein Tag so wunderschön wie heute«. Aber auch englische Popsongs werden zitiert und mit neuen Texten versehen. So heißt der Text zu Tony Christies 1971 gesungenem Lied *Is this the way to Amarillo* schlichtweg »Shalala, la, la (...) Bayern München«. Zwölfmal wurde diese Weise am 12. April 1997 im Münchner Olympiastadion angestimmt, wie der Wissenschaftler gemeinsam mit seinem Kollegen Guido Brink in aufwendiger Feldforschung mitgezählt hat.

Hier darf ein Beatles-Klassiker nicht fehlen: siebenmal wird *Yellow Submarine* intoniert – allerdings in drei Schmähvarianten in Richtung Kölner Fan-Block. Erstens: »Ihr seid nur ein Karnevalsverein«, zweitens nach einem Foul: »1,2,3 und wieder einer tot« und schließlich: »Deutscher Meister wird nur der FCB«. Die Bayern-Fans besetzten geradezu trotzig die Komposition von Lennon und McCartney. Denn in den achtziger Jahren hatte der Song den Rohstoff für einen legendären Schlachtgesang geliefert, der in westdeutschen Fußballstadien Karriere machte und eine stark antibajuwarische Stoßrichtung aufwies: »Zieht den Bayern die Lederhosen aus«.

Doch nicht nur der Refrain »We all live in a yellow submarine« wurde ausgeschlachtet, auch die erste Strophe lieferte Material für eine atemberaubende musikalische Verschmelzung. Der englische Popsong wurde mit einem Mal auf die Iberische Halbinsel verpflanzt oder, besser: in eine deutsche Kolonie an der Costa Brava eingemeindet. Der Spanientourismus der siebziger Jahre trug seine Früchte, und heraus kam ein multikulturell angehauchter Klassiker, wie der Grundlagenforscher nachgewiesen hat, nämlich: »Olé, olé, olé, olé, olé, olé«.

Der spanische Triumphschrei überwand aber auch den eisernen Vorhang. So verspotteten die Fans des 1. FC Magdeburg in den achtziger Jahren den Dauermeister BFC Dynamo aus der Hauptstadt der DDR:

Und den FCM führ'n wir zum Throne,
Und der BFC macht sich zum Kloß
Und wir werden ewig deutscher Meister sein:
FCM, olé, olé, olé!

Die Umgestaltung von *Yellow Submarine* zu *Olé, olé, olé* entspricht mustergültig dem Prinzip der *bricolage*, wie einst der französische Kulturanthropologe Claude Lévi-Strauss den Vorgang beschrieben hat, unterschiedlichste Elemente der Alltagskultur miteinander zu kombinieren und ihnen somit eine neue kulturelle Bedeutung zu verleihen.

Und da spielt auch, man höre und staune, die klassische Operntradition eine Rolle. Den Triumphmarsch aus Verdis Oper *Aida* zitieren beispielsweise die Fans gerne an dramatischen Stellen, allerdings im Geist der radikalen Vereinfachung. Statt eines Textes singen sie lautmalerisch »O ho ho«, und auch die musikalischen Nuancen werden aus Gründen der Verbraucherfreundlichkeit abgeschliffen.

Es ist vor allem jedoch die zeitgenössische Popmusik, die den Fundus für Eigenes liefert. Auch die Fans aus Dortmund basteln unentwegt an ihrem musikalischen Gesamtkunstwerk. Die Südkurve – bekannt aus Funk und Fernsehen, drapiert mit einer riesigen schwarz-gelben Fahne – ist der *genuis loci*, wo immer wieder spontan improvisiert und komponiert wird. Hier lassen sich die Westfalen von der Muse küssen, und die kann ihnen auch schon einmal die Musik aus einer Kinderfernsehserie auf das Auge drücken. »Erst hat einer angefangen, die Melodie von Pippi Langstrumpf zu summen«, bekannte Torsten Schulte-Derne, der Vorsitzende des größten Dortmunder Fanclubs, »dann hat der Nebenmann mitgemacht. Und nach ein paar Spielen hatten wir dann schon etliche Strophen und den Refrain.« Der Kehrreim stellt schlicht und ergreifend die rhetorische Frage und weiß darauf eine eindeutige Antwort: »Wer ist deutscher Meister? BVB Borussia!« Eigenwillig variieren die Fans ein Muster, das man vom Blues her kennt: da heißt das Frage-und-Antwort-Spiel *call and response*.

Doch nicht nur Fernseh-Klassiker wie *Pippi Langstrumpf* werden mit liebevoller Ironie umgetextet. Auch das Kinderlied *Biene Maja* von Karel Gott erlebt seine Anverwandlung:

In einer Stadt in diesem Land
Ist Meister Fußball wohlbekannt
Und geht der Ball ins andre Tor
Dann singen alle hier im Chor:
Und alle Freunde sehen aus wie Biene Maja,
Schwarz-gelb wie die kleine Biene Maja.

Schwarz-gelb sind die Trikots der Dortmunder, schwarzgelb die Kutten der Fans. Und die musikalischen Kindheitsmuster prägen einen Gutteil der Fangesänge. Das gilt auch für die rhythmischen Sprechchöre. Sie beschwören einen Rhythmus, bei dem jeder mit muß, wie das einmal Udo Lindenberg so trefflich formuliert hat. So spielen die Fans in ähnlicher Weise mit den Namen ihrer Idole wie einst die Studentenbewegung, als sie »Ho, Ho, Ho Chi Minh« brüllte. Die Fußballzuschauer schreien zum Beispiel »Ru-di Völ-ler« oder »Ru-di, Ru-di«; übrigens auch zum Entzücken des Fernsehreporters Gerd Rubenbauer, der mit eigenwilliger Logik feststellte: »Die Rudi-Rudi-Rufe hat es vorher nur für Uwe Seeler gegeben.«

In ähnlicher Weise skandierten die Fans »Lo-thar Mat-thä-us« oder »Ol-li Ka-ahn« und klatschten dazu rhythmisch in die Hände. Die Anrufung des großen Kahn, das Sprechen seines Namens, das Händeklatschen – das alles deute auf eine frühe Entwicklungsstufe hin, meint der Musikwissenschaftler. Denn schon Kinder produzierten Sprechrhythmen analog zu ihrem eigenen Namen: Ein Mädchen zum Beispiel skandiert »An-ne-marie« und klatscht dazu. Reinhard Kopiez ist fasziniert von diesem archaischen Verhalten: »Die Sprechgesänge der Fans sind deshalb besonders einprägsam, weil sie in uns einen elementaren Punkt ansprechen: Wir haben alle mal so angefangen.«

Dieser Spieltrieb bestimmt auch das Geschehen im Stadion,

wenn zum Beispiel das Spiel vor sich hin dümpelt und die Fans sich langweilen. Dann werden jene Kommentare und Zwischenrufe geboren, welche die Anhänger auf den Rängen und die Akteure auf dem Rasen wieder in eine lebendige Beziehung bringen. »Bei einem Spiel«, erinnert sich Marc Werdecker vom Dortmunder Fanclub, »war der damalige Trainer vom Gegner KSC so verbissen, daß wir ihn aufmuntern wollten.« Die fürsorgliche Aufforderung hieß: »Winnie, wink doch mal« – und der gestreßte Coach reagierte tatsächlich.

Die Wiederentdeckung der Kindheit in den Fußballstadien äußert sich in der Form der Selbstkarnevalisierung. Die Fans bemalen sich, hüpfen und singen – und feiern sich selbst. Das Verspotten der Gegner kann dabei eine gleichermaßen liebevolle wie witzige Note haben, wie etwa bei den Fans von Newcastle United. Als Leverkusen 2003 bereits nach einer Viertelstunde mit zwei Toren zurücklag, sangen die Newcastle-Fans spöttisch: »Are you Sunderland in disguise?« Die Deutschen wirkten tatsächlich wie Sunderland in Verkleidung, das damals zur Freude des Lokalrivalen aus Newcastle in der *Premier League* Tabellenletzter war.

Die Fans inszenieren den Fußball als Karneval, aber wie beim echten Karneval kann das bunte Treiben in blutigen Ernst umschlagen. So sind Neo-Nazi-Parolen die dunkle Kehrseite der Schlachtgesänge. Auch in der DDR-Oberliga entwickelte sich in den achtziger Jahren eine rechtsradikale Fanszene. Die Ideologie importierte man aus dem Westen, ebenso die Melodie. Angelehnt an die Neue-Deutsche-Welle-Band Fehlfarben und ihren Song *Millitürk* sangen die Fans des BFC Dynamo in Ost-Berlin:

Fußball in der Mauerstadt
Union spielt hinter Stacheldraht
Was Neues in der DDR
Der BFC ist jetzt der Herr
Zyklon B für Scheiß Union
In jedem Stadion ein Spion
Selbst Ordner sind in der Partei

Deutschland, Deutschland,
alles ist vorbei.

Es vermengten sich Kritik an der SED mit rechtsradikalen Parolen, die vor der angedrohten Vergasung des Lokalrivalen nicht zurückschreckten. Auch die »Chemiker« von Chemie Leipzig aus dem Stadtteil Leutzsch sangen neonazistische Verse:

Wenn das der Führer wüßt,
was Chemie Leipzig ist
dann wär er nur in Leutzsch,
denn Leutzsch ist deutsch.

Doch Rechtsextremismus im Fußballstadion ist nicht nur ein deutsches Phänomen. Die britischen Fans verwenden ebenfalls antisemitische Parolen. Vor allem, wenn Vereine gegen Tottenham Hotspurs spielen. Nicht selten besingt der gegnerische Mob beschnittene und unbeschnittene Geschlechtsteile oder ahmt gar mit Zischlauten das Geräusch ausströmenden Gases nach. Dazu gehört auch, daß die Rechtsradikalen »Jude« als Schimpfwort verwenden. Doch die Tottenham-Fans reagieren überraschend auf diese Hetze. Sie bezeichnen sich verblüffenderweise selbst als »Yiddos« oder »Yid Army«, als jüdische Armee. Das ist erstaunlich, da nur wenige Juden unter ihnen sind. Sie kokettieren vielmehr mit einer fiktiven jüdischen Identität, die sich vermutlich auf strenggläubige Juden beruft, welche in dem Viertel rund um das Tottenham-Stadion leben.

So spielen die Spurs-Anhänger mit ihrem Jude-Sein-Wollen, um sich in der Fan-Szene deutlich abzugrenzen. Es gehört zu ihrem *radical chic*, sich als verfolgte Minderheit zu inszenieren. Keineswegs haben sie jedoch religiöse Motive. Das zeigte sich besonders deutlich, als Jürgen Klinsmann sein erstes Spiel für Tottenham bestritt. »Jurgen was a Nazi, but now he is a Jew« (Jürgen war ein Nazi, aber jetzt ist er ein Jude), sangen die Fans zur Melodie von *Mary Poppins*. Mit diesem Song wurde der Teutone symbolisch eingemeindet: obwohl er eigentlich noch etwas Hassenswerteres als ein Profi des Lokalrivalen Arsenal oder Chelsea, nämlich ein Deutscher war, wurde er mit dem Ehrentitel »Jude« versehen und in den Verein aufgenommen.

Anders als Schlager oder volkstümelnde Weisen künden Fangesänge von gesellschaftlichen Konflikten. Die Politik bleibt nicht außen vor, auch wenn die Funktionäre noch so sehr das glatte Erscheinungsbild der Unterhaltungsshow Fußball beschwören. Die Einmischung der Fans kann sich zudem auch wirkungsvoll gegen die Hierarchen wenden, wie beispielsweise im Falle des früheren Trainers vom 1.FC Nürnberg, Klaus Augenthaler. Im Frühjahr 2003 wollte ihn der Präsident des Traditionsclubs im Falle einer Niederlage gegen Hertha BSC entlassen. Allein, die Anhänger begehrten lautstark auf und sangen schon vor dem Spiel: »Auge, du bist der beste Mann.« So erreichten die Fans immerhin einen Aufschub, dann wurde der Coach aber doch entlassen.

Die Schlachtgesänge sind jedoch nicht nur Solidaritätsbekundungen, Schmähaktionen, Liebesbekenntnisse oder extremistische Hetze. Sie tragen auch zu einer lebendigen Kultur der Trauer bei. Die Fans des FC St. Pauli sind Meister des Abschiednehmens. Nicht nur Taschentücher mit dem Aufdruck »Heul doch« waren 2003 nach dem zweiten Abstieg innerhalb von zwölf Monaten im Umlauf. Festlich gekleidete Träger bugsierten den Sarg mit der pietätvollen Losung »Ruhe sanft in Liga 3« zur letzten Ruhe. Zudem intonierte der »Spielmannszug St. Pauli« den wehmütigen Schlager: »FC St. Pauli – verletztes Herz.«

Im Gegensatz zu vielen Vereinsfunktionären, für die Alexander Mitscherlichs Wort von der »Unfähigkeit zu trauern« zweifellos zutrifft, stellen sich die Fans ihrem Schmerz. Die Nürnberger flehten nach dem 1:2 gegen 1860 München gar um professionelle Hilfe: »Mentaltrainer für am Boden zerstörte Fans gesucht« hieß es auf einem Transparent.

Den schönsten Trauergesang haben jedoch die Anhänger eines Vereins gedichtet, der vielleicht den tiefsten Absturz in der deutsch-deutschen Fußballgeschichte zu verzeichnen hat:

vom Siegerpodest – als Gewinner des Europapokals der Pokalsieger und international erfolgreichste Mannschaft der DDR – hinab in die tiefsten Niederungen des Amateurfußballs. Mit biblischer Kraft werden hier existentielle Entscheidungssituationen im Leben eines Magdeburg-Anhängers angesprochen.

Sieben Tränen muß ein Clubfan weinen
Sieben Tränen bis zum nächsten Sieg.
Aber dann, dann muß er sich entscheiden,
Ob er fährt zum nächsten Auswärtsspiel.

Aus dieser Trauerkultur heraus entsteht Kraft, vor allem und gerade in schweren Zeiten, etwa 1983, als die Magdeburger wieder gegen den BFC Dynamo antreten mußten. Über den Gegner aus Berlin sagte man damals, daß der BFC mit elf plus drei Leuten auf den Platz ging, nämlich Schieds- und Linienrichter miteingerechnet. Und in der Tat wurde der Club auch dank der kräftigen Unterstützung durch Stasi-Chef Erich Mielke Dauermeister. Vor dem Spiel in Magdeburg gab es deshalb heftige Spekulationen: würde es wieder kurz vor Ende ein Elfmeter-Geschenk für den Stasi-Club geben, wenn der im Rückstand liegen sollte? Eine Woche zuvor waren indessen zwei BFC-Spieler in den Westen geflüchtet. Die Magdeburger ließen sich diesen Triumph nicht nehmen und sangen zu der Melodie von *Jingle Bells*:

BFC, BFC, wo sind deine Leut
Abgehaun, abgehaun, oh wie uns das freut

Ob in der SED-Diktatur oder in der Bundesrepublik – die Fans zeigen in ihren Liedern Beharrungsvermögen und pochen auf ihre Autonomie. Keineswegs handelt es sich um eine willenlose Masse, die man leicht manipulieren kann. Sie haben einen eigenen Kopf, nicht nur politisch, sondern auch ästhetisch. So sind sie allergisch gegen die meisten Angebote der Musikindustrie. Ein schlagender Beweis: von den fünfzehn

Liedern, die auf der Schallplatte *König Fußball* versammelt sind, haben sie keinen einzigen Song übernommen.

Ihr Eigensinn offenbarte sich auch gegenüber jenen Liedern, welche – wie im vorigen Kapitel ausführlich dargelegt – die deutsche Nationalmannschaft vor den Weltmeisterschaften aufzunehmen pflegte. Selbst *Fußball ist unser Leben*, obschon ein Verkaufshit, hatte keine Chance, in den Stadien nachgesungen zu werden.

Die große Verweigerung zeigt: es gibt bei aller Kommerzialisierung noch Nischen, in denen die Fans selbst kreativ sind. Sie – und nicht Kastelruther Spatzen oder Wildecker Herzbuben – pflegen im Stadion das echte Volkslied und basteln sich ihre eigenen Weisen. Und sie sind als praktizierende Fußballmystiker mit ihren Gesängen auf der Suche nach jener Entgrenzungserfahrung, wie sie einst Friedrich Nietzsche in der *Geburt der Tragödie aus dem Geist der Musik* beschworen hat. Hier schuf er ein eindrucksvolles Szenario von der dionysischen Macht der Musik und dem magischen Zusammenwirken des Chors der Satyrn und der Zuschauer, das die Erfüllung tiefster Sehnsüchte verspricht: »Daß die Klüfte zwischen Mensch und Mensch einem übermächtigen Einheitsgefühl weichen.«

Fußball und Körpersprache

Triumphgesten – Über die Schwierigkeiten des Jubelns

»Sagt nicht oft ein rasches Heben oder ein leises Zucken der Hand mehr als selbst ein Wort?« Der katholische Religionsphilosoph Romano Guardini gab dazumal diesen zarten Hinweis auf die Macht der Körpersprache. Schaut man sich heutzutage auf den Fußballplätzen um, kann die rhetorische Frage nur mit einem donnernden Ja beantwortet werden. Die körperliche Beredsamkeit – eine uralte rhetorische Disziplin – hat Hochkonjunktur. Vor allem beim dramatischen Gipfel jeden Spiels, dem Torjubel.

Zeigefinger rotieren, Daumen schnellen nach oben, Hände fuchteln, Fäuste explodieren, Ellbogen sägen, Arme rudern; außerdem werden Räder geschlagen, Saltos gesprungen und Zäune bestiegen, dazu gibt es ausgeklügelte Tanzchoreographien, anarchische Paarungsrituale, spektakuläre Bauchklatscher auf dem Rasen, Abklatschorgien mit den Fans am Gitter, große Theatergesten und mutwillige Entblößungen bis hin zu Pantomimen mit politisch-humanitären Botschaften.

Kurzum: Profis werden zu Laienschauspielern, Stadien verwandeln sich in Freilufttheater. Man erlebt magische Momente wie die zen-buddhistisch inspirierte Demutsgeste von Leverkusens Manager Rainer Calmund nach dem abgewendeten Abstieg in Richtung Fankurve. Aber auch bizarre Ausbrüche von Hysterie, wie sie der spanische Romancier Javier Marías notierte, als er das merkwürdige Selbstgespräch eines spanischen Goalgetters bei der WM 1990 für die Nachwelt festhielt: »Míchel (...) nach seinem dritten Tor gegen Korea (...), als wir alle erfuhren (wann endlich werden Mikrofone und Dolmetscher eingeführt?), daß er ›das habe ich mir verdient!‹ rief, was ziemlich originell war angesichts der Tatsache, daß das Tor ohne jeden Zweifel ausschließlich sein Verdienst war.«

Trotz allerlei seltsamer Monologe sind es doch die Gebärden, die den Torjubel prägen. Dabei greifen die Schützen heutzutage bevorzugt auf ein Mittel zurück, das schon in der klassischen Rhetorik beschrieben wurde. Es ist die simple Figur der Übertreibung. Quintilian hatte die Hyperbel als »schickliche Übersteigerung der Wahrheit« bezeichnet. Und die effektvolle Übertreibung kennzeichnet jedes dritte Bundesligator, ihr Motto lautet: Schöner Jubeln. Wie bei der schmuckvollen Rede kommt es auch beim dekorativen Triumphieren auf einprägsame Gesten an. Denn vom Redeschmuck, in der klassischen Rhetorik *ornatus* genannt, hängt es laut Quintilian ab, ob die Zuhörer, »als wären sie von Sinnen, und ohne zu wissen, wo sie waren, in einen solchen Sturm des Entzückens« ausbrechen. Das gleiche gilt für den Ornatus der Körpersprache: Schönjubler vom Schlage des Kameruners Roger Milla konnten ihre Fans durchaus in Ekstase versetzen, wenn sie ihre Triumphgebärden phantasievoll ausschmückten und wie der Afrikaner mit der Eckfahne zu tanzen begannen. Beim gezielten Einsatz aller rhetorischen Mittel hält es Cicero gar für möglich, daß der Redner dem Publikum »wie ein Gott unter Menschen« erscheint. Für Fußballfans ist das eine alltägliche Erfahrung. Nicht von ungefähr wurden etwa dem charismatischen Diego Armando Maradona göttliche Qualitäten zugeschrieben: weil er traf und treffend triumphierte.

Nicht alle Torschützen verfügen indessen über das schauspielerische Talent des kleinen Linksfüßlers. Und so können ihre Siegerposen – wenn sie sich jenseits des üblichen Armehochreißens und Faustballens bewegen – schnell lächerlich werden.

Javier Marías etwa geißelte bereits 1994 »die Anzeichen von übermäßig schlechtem Geschmack, wie etwa am Gitter hinaufzuklettern und wie ein Affe daran zu rütteln, oder pathetisch das Flugzeug zu mimen, wozu sich Romario gelegentlich hinreißen läßt, oder peinliche Torero-Gesten wie die von Claudio bei Deportivo La Coruña«. Diese plumpe Theatralik hat schon Quintilian kritisiert und mit einem unbeweglichen, fetten Schlachtroß verglichen, das niemand mehr kaufen mag: »Zierlicher ist ein Pferd anzuschauen, dessen Flanken schlank sind, aber zugleich ist es schneller.«

Kein Zweifel: der Hang zur großen Gebärde wird in den Stadien hemmungslos ausgelebt, der Siegeszug des Exhibitionismus scheint unaufhaltbar. Sind es die stilistischen Verirrungen einzelner, die zu beklagen sind? Oder handelt es sich um gesellschaftliche Zwänge, welche diese Posen erst hervorbringen?

Zunächst einmal ist festzuhalten: im Zeitalter des medialen Overkills stehen Fußballer unter Streß. Wenn sie ein Tor schießen, wird von ihnen eine möglichst originelle, vor allem aber eine neue Geste erwartet. Wer eigene Körperbilder schafft, beherrscht die Welt der Fernsehbilder. Eine Paradebeispiel ist dafür der Brasilianer Giovane Elber. Mit der Kreativität eines Art Director erfand er immer neue Gebärden, um den Hunger nach der charismatischen Geste zu stillen. Denn Elber wußte wie kaum ein anderer: zum erfolgreichen Torabschluß gehört unabdingbar die medienkompatible Gebärde. Dabei kommt es einem seltsam vor, daß es hier für die Profis – analog zum Interviewtraining – keinen Schauspielunterricht gibt. Wie inszeniere ich mich bei welchem Spielstand? Ekstatisch beim Führungstreffer kurz vor der Halbzeit oder lässig-ironisch beim 5:0? Wähle ich scheinbar spontane, urwüchsige Ausdrucksformen bei einem wichtigen Tor, oder ziele ich eher, mich vor den Fotografen in Positur setzend, auf den minutiös choreographierten Bildwitz? Betone ich beim Jubel eher meine Teamfähigkeit und lasse mich freudig von den anstürmenden Mannschaftskameraden zu Boden reißen und unter einer Menschentraube begraben? Oder streiche ich meinen Star-Status heraus, indem ich vor den Gratulanten flüchte und allein vor den Kameras posiere? Sonderfall Nationalmannschaft: Wie mache ich deutlich, daß ich das Tor ausschließlich für mein Heimatland erzielt habe, mehr noch: wie schaffe ich es, daß man später über mich sagen wird: »Er hat viel für den deutschen Fußball getan?« Und weiter: Wie simuliere ich patriotische Gefühle, wenn ich kurz zuvor erst im Schnellverfahren eingebürgert wurde? Soll ich vorausschauend eine Nationalflagge am Spielfeldrand deponieren, um sie im Siegestaumel um mich zu schlingen, oder wirkt das anbiedernd? Mögliche Fragen eines jubelnden Fußballarbeiters.

So übertrieben dieses Szenario vielleicht auf den ersten Blick erscheinen mag – völlig abwegig ist es nicht. Denn die telegene Siegespose ist ein maßgeblicher Wirtschaftsfaktor. Für die Ich-AG sind die Sekunden nach dem Torerfolg unbezahlbar: ihre Aktie steigt und damit der Wert an der Transferbörse. Aber auch für Sponsor und Sportausrüster ist es ein kostenloser, doch millionenschwerer Werbespot. Hier penetriert er die Botschaft für seine Marke, die der Schütze auf seiner Haut zu Markte trägt. Das Logo auf der Brust verschmilzt mit dem Strahlen des Siegers: Erfolg macht sexy. Zudem ist totale Aufmerksamkeit garantiert. Für Werbestrategen besteht hier die vielleicht einzige Gewißheit während des ganzen Spiels, daß die Zuschauer nicht umschalten, zur Toilette oder zum Kühlschrank eilen – außer vielleicht besonders sensible Anhänger der gegnerischen Mannschaft, die den Torerfolg nicht mit ansehen können. Besonders clevere Spieler versuchen überdies in der Jubelphase, *product placement* im Sinne ihres Sportausrüsters zu betreiben.

Der Torjubel verrät indessen nicht nur, wie sich ein Spieler im Kampf um Aufmerksamkeit inszeniert und welchen Einfluß sein *impression management* möglicherweise auf seinen Marktwert hat. Die Siegesgebärde sagt auch viel über den Charakter und die Persönlichkeit eines Fußballers aus. Weiter gibt sie Auskunft über unser Verhältnis zu Emotion und Selbstkontrolle, Freude und Schadenfreude, Stolz und Scham, Triumph und Demütigung, über die Beziehung von einzelnem und Kollektiv: sieht sich, wie schon angedeutet, der Torschütze im Moment des Jubelns als erfolgreicher Selbstvermarkter oder als einer von »elf Freunden«, wie einst Sepp Herberger sein Mannschaftsideal beschrieb? Welche sozialen Hierarchien bestehen zwischen Umarmenden und Umarmten? Welche Rolle spielt die Homoerotik? Nicht zuletzt weist die Siegerpose auf die komplexen, teils äußerst verschiedenen Bedeutungen der Gebärdensprache in verschiedenen Kulturen und Zeiten hin.

Es fällt auf, daß einstudierte Triumphgesten vor allem seit den neunziger Jahren die Körpersprache des zeitgenössischen Fußballs prägen. Fällt ein Tor, kommt oftmals ein Reiz-Reaktions-Schema in Gang, das an orgasmische *fakes* in Soft-Porno-Filmen erinnert. Durch die mediale Vervielfältigung des Jubels fühlt man sich an ein Wort des einstigen Bayern-Profis Bruno Labbadia erinnert, das heutzutage einen ganz neuen Sinn gewinnt. Seine vielzitierte Bemerkung lautete: »Das wird von den Medien hochsterilisiert.« Sie könnte vieldeutiger nicht sein, denn in der Tat produziert der Zwang zum Schöner Jubeln vielfach orgiastisch-expressive, aber letztlich sterile, weil zutiefst künstliche und im schlimmsten Falle gekünstelte Bilder.

Das war nicht immer so. Sieht man etwa Fernsehberichte von der ersten Bundesliga-Saison 1963, so findet man zarte Gesten nach der Art des eingangs erwähnten Religionsphilosophen Guardini: meist ist es ein »rasches Heben« beider Hände mit offenen Handflächen oder ein »leichtes Zucken« der Arme, dazu ein freudiges, häufig sogar scheues Lachen. Selbst ein Star wie Uwe Seeler pflegte diesen Minimalismus und wirkte überaus echt.

Noch zurückhaltender ging es offensichtlich mitten im Zweiten Weltkrieg zu. So verkneift sich Fritz Walter in bester – an der protestantischen Arbeitsethik geschulter – Manier den Jubel und holt den Ball höchstselbst aus dem Netz, als er nicht etwa in Rückstand liegt, sondern gerade das 2:0 gegen das besetzte Ungarn geschossen hat. 70 000 Zuschauer erlebten das 7:0 der Reichself, doch die Triumphgebärden waren keineswegs überschwenglich.

Auch im Augenblick des wahrscheinlich bedeutendsten und überraschendsten Sieges des deutschen Fußballs bleibt »der Fritz«(O-Ton Sepp Herberger) für heutige Maßstäbe kühl. Unmittelbar nach der Siegerehrung im nebligen Bern des Jahres 1954 hält er einfach nur still lächelnd die kleine Trophäe,

Andacht statt Ekstase – Augen-Blicke nach dem Wunder von Bern

den Coupe Jules Rimet, in Brusthöhe. Kein In-den-Himmel-Strecken des Pokals, kein noch so verstohlener Kuß auf das Objekt der Begierde. Wie ein Mitbringsel zeigt er es seinen Mannschaftskameraden, die Spalier stehen und ihn stumm und unbewegt anschauen. Vergleicht man dies mit dem Jubel nach dem WM-Gewinn 1990, so liegen hier Welten und Temperamente dazwischen. Der Gefühlsäquator scheint sich fundamental in Richtung Süden verschoben zu haben, denn Matthäus, Völler und Littbarski strecken den Cup frenetisch in die Höhe und ballen die Fäuste.

Vor allem die Anfangszeiten des modernen Fußballs waren vom formvollendeten Understatement geprägt. Nach Desmond Morris »wurde der Triumph für gewöhnlich mit nicht mehr als einem Händedruck und einem Lächeln gefeiert. Ein ehemaliger Spieler formuliert das so: ›Schossen wir ein Tor, dann benahm sich jeder so, als wäre nichts Ungewöhnliches passiert. Als Kapitän hätte ich im Höchstfall dem Torschützen auf den Rücken geklopft und gesagt: ›Gut gemacht alter Junge.‹ «

Diese Reserviertheit liegt einerseits in der britischen Herkunft des Fußballs begründet. Man begriff ihn, im Unterschied zum proletarischen Rugby, als Sportart der Gentlemen. Beherrschung in jeder Lebenslage, auch im Moment des höchsten Triumphs, war ihr Markenzeichen – und ausgerechnet der Franzose Jules Verne brachte das in seinem Roman *In 80 Tagen um die Welt* auf den Punkt, als sein Held Phileas Fogg in allerletzter Sekunde die Wette doch noch gewinnt und mit dem fast schon provozierend unaufgeregten Gestus des »Well, gentlemen …« im Salon erscheint. Das in Fleisch und Blut übergegangene Gebot der *stiff upper lip* – jener steifen Oberlippe, die auch dann nicht zu zittern beginnt, wenn ihr das Wasser bis zur Unterkante steht – galt auch für das Gebaren der Fußballer und fand ebenfalls Ausdruck in der Redensart: Halt die Ohren steif!

Die Herrschaft über die Oberlippe hat übrigens ihren Ursprung in der klassischen Antike. In der besseren Gesellschaft Athens wahrte man äußerste Gesichtsdisziplin und empfand im allgemeinen nur den geschlossenen Mund als schön, wie der Volkskundler Thomas Raff in seinem Aufsatz zum Wandel der Mimik ausführt. Das hatte auch Folgen für die Kunst: ausschließlich unzivilisierte Wesen wie Satyrn, Kentauren oder Mänaden sperrten ihre Münder auf. Die edlen Marmorgestalten hingegen ließen keinen Blick ins Racheninnere zu und lächelten, wenn überhaupt, nur andeutungsweise mit verschlossenen Lippen. Diese keusche Mimik entsprach auch dem Schönheitsideal der Renaissance und des Barock. Und die berühmtesten Frauen der europäischen Malerei folgten dieser Gepflogenheit: ihr Lächeln schien alles andere als natürlich, sondern vielmehr überaus kontrolliert. Es galt die Devise Innerlichkeit statt Expressivität, Anmut statt Übermut, denn letzterer tat nach damaliger Meinung vor allem nicht der Schönheit gut. So war kein Gebiß, kein Stückchen Zahnfleisch zu sehen – weder bei Leonardo da Vincis rätselhafter *Mona Lisa*, Girgiones *Schlafender Venus*, Tizians *Venus von Urbino* noch bei Peter Paul Rubens' *Isabella Brant*.

Von einem triumphalen Lachen, wie wir es heute von Miss-World-Wettbewerben, Wahlkampfarenen oder eben Fußballstadien her kennen, konnte also keine Rede sein. Vom alten

Griechenland bis in das 20. Jahrhundert galt in der *upper class* das Tabu, auf keinen Fall das Gesicht freudig zu verzerren und dabei auch noch die Zähne zu zeigen, wie das Wilhelm Busch so schön formulierte: »Ich lache nie, ich lieb' es nicht,/Mein ehrenwertes Angesicht/durch Zähnefletschen zu entstellen .../Das Lachen will ich überlassen/Den minder hochbegabten Klassen ...«

Den Torschützen fiel es in den Anfangszeiten des Fußballs ebenfalls nicht ein, mit einem »Zähnefletschen« ihren Triumph zu feiern. Das hatte auch einen ganz handgreiflichen Grund: nur die wenigsten Menschen konnten in früheren Zeiten mit einem schönen Gebiß glänzen. Mit der fortschreitenden dentalen Kunst wurde dann dieses Tabu aufgeweicht. Seinen Siegeszug begann das Breitwandlächeln höchstwahrscheinlich in den USA, wo es zum Ausweis mächtiger und erfolgreicher Helden vom Schlage eines John F. Kennedy wurde, bis es auch die deutsche Alltagskultur erreichte und schließlich aus den Mündern von Fußballern blitzte. Dieser exhibitionistische Zug gilt heutzutage als die natürlichste Sache der Welt. Ohne freie Sicht auf das Zahnfleisch kommt heutzutage kaum eine Produktwerbung aus. Mit diesem fundamentalen Wandel der Mimik geht übrigens auch ein überaus aggressiver Aspekt einher: Man kann im Siegesrausch nicht nur selbstvergessen jubeln, sondern auch den Unterlegenen auslachen und ihn zähnebleckend verhöhnen.

Gerade diese Form der Demütigung ist in der heutigen Welt des Fußballs nicht selten anzutreffen. Im vorvergangenen und bis weit in das vergangene Jahrhundert hinein galt dagegen das ungeschriebene Gesetz, den sportlichen Gegner nicht durch Freudenbezeigungen zu erniedrigen. Dieser Geist der Demut und Bescheidenheit lebt heutzutage allenfalls in einer raren Spezies fort, die Javier Marías konserviert hat. Er führt José Emilio Garaté Amavisca ins Feld, seines Zeichens Mittelfeldspieler von Deportivo La Coruna und Olympiasieger von 1992: »Er machte kein Siegeszeichen, boxte nicht in die Luft oder rannte wie ein Besessener über das Spielfeld, er reckte nicht einmal die Arme, was das mindeste Zeichen eines Torschützen beim Netzkontakt des Balles ist (...) Garaté demütigte den Gegner nicht mit seiner Freude, er schien ihn vielmehr für den verursachten Ärger und den Verlust der Prämie um Verzeihung zu bitten.«

Jubelverweigerer vom Schlage eines Garaté erinnern an die zurückhaltenden Triumphrituale in Nord- und Mitteleuropa, wie sie bis zum 2. Weltkrieg gepflegt wurden. Danach begannen sich die Siegesposen dramatisch zu verändern. Verantwortlich dafür war ein neuer Globalisierungsschub, der mit der Einführung der schnelleren Düsenflugzeuge einher ging: Fußballteams konnten problemlos um die Welt fliegen, der Sport wurde in einem bislang nie gekannten Ausmaß internationalisiert und zu einer kontinentübergreifenden Obsession. Der Wandel von Körpersprache und Jubelgebaren ging hauptsächlich von Spielern aus den romanischen Mittelmeerländern oder Lateinamerika aus. Doch zunächst irritierte ihre expressive Feier des Torabschlusses. Entweder befremdet oder amüsiert nahmen dies die Zuschauer im nördlichen Europa zur Kenntnis, wie Desmond Morris ausführt: »Anfangs lachte man die Südländer wegen ihrer kurzen Shorts und ihren wilden Umarmungen aus, aber nach einiger Zeit wirkten die stoischen Briten neben ihnen einfach ungehobelt. Die alte Tradition des Händedrucks und Rückenklopfens begann den falschen Eindruck zu vermitteln, den Briten läge nicht soviel am Toreschießen, und die gehemmten Nordländer waren gezwungen, ihre kühle Haltung aufzugeben und sich ein paar harmlose Umarmungen zu gönnen.« Die Söhne des Südens sollten in der Folge stilbildend wirken. Ihre ekstatischen Gesten haben die Welt erobert, weil die Nordländer in zunehmendem Maße die fremden Gebräuche nachahmten, bis sie immer weniger von deren Urheber zu unterscheiden waren.

Die Modellierung der Triumphgesten folgt demnach den Gesetzmäßigkeiten der globalisierten Welt. Hier vermischen sich jahrtausendealte Gebärden mit frisch kreierten Posen, Archaik mit Zeitgeist, Instinktives mit höchst Stilisiertem.

Vom Armheben zur Pistolero-Pantomime – animalische Posen und einstudierte Gebärden

Wenn der Goalgetter nach dem goldenen Schuß einen Moment innehält, die Arme hochreißt und plötzlich wie von Sinnen über den Platz rast, um sein Tor zu feiern, handelt es sich um einen klassischen Jubelsprint. Es ist ein Sololauf ins Unbestimmte. Der Schütze kann in die Fankurve rennen, um sich von seinen Anhängern bejubeln zu lassen. Er kann aber auch zur Mittellinie spurten, wo die Mannschaftskameraden ihn stürmisch umarmen.

Vielfältig sind auch die Motive. Der Jubelsprint kann physiologische Gründe haben, weil der Spieler seine innere Spannung nach dem plötzlichen Adrenalinschub abbauen will. Desmond Morris führte aber auch ein psychologisches Argument ins Feld. Es ist die Scham des Schützen vor dem Rampenlicht: die »schnelle Bewegung« widerspreche bewußt »jeder Andeutung des Eindrucks, der Schütze könnte Gratulationen erwarten.« Heute ist das sicherlich anders. Der Torjäger will gerade allein im Mittelpunkt des Triumphs stehen und nicht im Jubel seiner Kameraden untergehen. Er flüchtet vor den Gratulanten, reißt sich von jenen los, die ihn ins Kollektiv einreihen, wenn sie ihn unter sich begraben. Vor allem aber: er will allein vor den Kameras stehen. So zeigt sich beim Jubelsprint, wie sich das Verhältnis von Individuum und Kollektiv, Schütze und Mannschaft im Zeitalter der zunehmenden Professionalisierung des Fußballs gewandelt hat. Es ist eine Geschichte der Individualisierung. Ein Prozeß der zunehmenden Egozentrik nach dem Motto: vom Wir zum Ich.

Ein Klassiker ist auch der erhobene Arm. Er richtet sich nicht in erster Linie an die Mitspieler, sondern ist ein Salut an die jubelnden Massen. Er erinnert an antike Imperatoren, die, wieder zuhause in Rom, die Huldigungen ihrer Untertanen entgegennehmen. Der erhobene Arm mit geöffneter Hand geht auf den römischen Willkommengruß zurück und hat ein vergleichsweise niedriges emotionales Level. Auf einen hö-

Salut nach Römerart – Die Königlichen von Real Madrid nach dem Europapokalsieg 1960 gegen Eintracht Frankfurt

heren Adrenalingehalt läßt hingegen die geballte Faust schließen. Im 20. Jahrhundert wurde sie zu einem revolutionären Symbol, das sowohl von Ernst Thälmann als auch von der Black-Panther-Bewegung verwendet wurde. Zugleich deutet sie aber auch auf das Imponiergehabe von Affen hin, wie der Verhaltensforscher Karl Grammer festgestellt hat.

Die Siegerpose von Mario Basler vergleicht er mit dem »Display-Verhalten« von Schimpansen: »Zwar zeigen Affen keine

Faustrecht des Siegers – Mario Baslers »Display«-Verhalten

geballte Faust, aber sie springen auf und ab, dazu kommt das weite Aufreißen des Mundes, lautes Schreien, alle Muskeln sind angespannt.« Die Gebärde kann aber auch als Potenzprotzerei gedeutet werden. In Pakistan gilt vielerorts das Hochreißen der Faust als obszöne Geste, in manchen Regionen bedeutet bereits das Ballen der Finger eine sexuelle Beleidigung.

Ein Fall für Machos ist auch eine Faustgebärde, die der Tennisstar Boris Becker seit dem Wimbledon-Finale 1986 und später der Fußballspieler Stefan Kuntz populär gemacht haben. Beim *Becker-Shuffle* oder der *Kuntz-Säge* wird die geballte Faust in Hüfthöhe mit ruckenden Bewegungen und angewinkeltem Ellbogen nach hinten bewegt. Man kann vielleicht gar so weit gehen, diesen Onaniergestus als Ausdruck des ebenso rücksichtslosen wie lustorientierten Narzißmus der Yuppie-Ära zu deuten.

Unendlich zarter als die Faust mit der Ellbogenmechanik ist eine andere Handgebärde. Sie hat mit dem menschlichen Geschlechtsleben nichts zu schaffen und deutet auf die Sphäre der Transzendenz hin. Nicht von ungefähr schrieb der Philosoph Ludwig Feuerbach: »Der Zeigefinger ist der Weg vom Nichts zum Sein.« Den Fingerzeig nach oben praktizierte etwa der getaufte Katholik und italienische Nationalspieler Alessandro del Piero, als er nach dem Torerfolg wie ein Verzückter auf seinen Zeigefinger schaute, der wiederum von sich weg in den Himmel wies.

Der Gebärdenforscher Franz Kiener beschreibt diese Geste als eine Art symbolischen Berührens des gemeinten Gegenstands. Die Aufmerksamkeit der Mitmenschen soll auf das imaginierte Ding gelenkt werden: »Damit ist angedeutet, daß das Zeigen einem geistigen Akt entspringt, der höheres Bewußtsein voraussetzt.«

Del Pieros Zeigefinger beschwört einen heißen Draht zu Gott. Die meisten Torschützen deuten allerdings lieber auf sich selbst. Ihre Gebärde bedeutet schlichtweg »Ich war's« und erinnert an den eifrigen Schüler, der sich in der Klasse meldet.

Daumen hoch – doch nicht überall auf der Welt wird Mehmet Scholl verstanden

Es ist ein Auf-Zeigen, wer der Urheber des Tors, der *auctor* war.

Ebenso vieldeutig ist die geballte Faust mit dem Daumen nach oben. Heutzutage wird sie gemeinhin als ein Zeichen der Zustimmung verstanden. Wenn etwa Bayern-Spieler Mehmet Scholl diese Gebärde wählt, bedankt er sich für den gelungenen Paß eines Mitspielers und signalisiert ihm: Das war klasse. Oder er schließt sich selbst – nach der erfolgreichen Verwandlung einer Vorlage – in das Lob mit ein und bekräftigt damit die Grundlagen respektvollen Miteinanders: ich bin o.k., du bist o.k.

Der Ursprung dieses Zeichens liegt im alten Rom, genauer: im Kolosseum. Wenn die Zuschauer meinten, ein besiegter Gladiator solle nicht getötet werden, weil er leidenschaftlich gekämpft hatte, versteckten sie ihren Daumen in der Faust. Vielleicht lebt dieses Zeichen heutzutage in der Gebärde des »Ich-drücke-dir-die-Daumen« fort. Den Tod bedeutete dagegen ein ausgestreckter Daumen, der das Symbol für das Schwert war. Durch einen Übersetzungsfehler wurde jedoch aus der positiven, weil lebensbejahenden Geste des versteckten Daumens ein hochgestreckter Daumen. So weiß heutzutage niemand mehr, daß *thumbs up* ursprünglich eine Aufforderung zum Töten war.

Trotz der weltweiten Verbreitung kann es heutzutage Mißverständnisse geben, etwa in Japan: hier bedeutet der Daumen die Zahl 5, während der kleine Finger für die Zahl eins steht. Oder er wird als Symbol für den Mann verstanden, wohingegen der kleine Finger die Frau versinnbildlicht. Ganz anders im Westpunjab. Hier verheißt »Daumen hoch« nur Schlechtes: Die Geste spielt auf eine Person an, die mit leeren Händen nach Hause zurückkehrt. Die Faust ist leer, der Daumen hat nichts zu halten. Man stelle sich vor: wenn es Mehmet Scholl in diese Region verschlagen und er sein Siegtor mit dem lässigen O.K.-Zeichen feiern sollte, würden sich die pakistanischen Zuschauer nur an den Kopf greifen können. Absurdes Theater aus dem europäischen Tollhaus.

Noch älter als der hochgestreckte Daumen sind die erhobenen Arme. Helmut Rahns inbrünstige Siegespose nach dem allesentscheidenden 3:2 gegen Ungarn geht einerseits auf die Körpersprache der Tierwelt zurück. Gorillas stellen auf diese Art und Weise ihren Prestigezuwachs dar, wenn sie einen Rivalen besiegt haben. So gewinnen sie optisch an Höhe und signalisieren: ich bin der Chef im Ring. Auch der Torschütze wirkt durch die erhobenen Arme länger und größer und bestätigt die Darwinsche Lehre auf seine ureigene Weise: Von den Affen lernen, heißt siegen lernen.

Animalische Pose und religiöse Gebärde – Ferenc Puskas hebt die Arme

Zum andern läßt sich die Gebärde des 2003 verstorbenen »Helden von Bern« bis in das alte Ägypten verfolgen. Dort hatte sie allerdings eine doppelte Bedeutung: die von Klage und Jubel. Die angewinkelten Arme erhob man mit geöffneter Hand neben dem Kopf, um Freude auszudrükken. Aber auch bei Trauerzeremonien, beim sogenannten Bestattungsgeleit, verwendete man diese Geste. Trauern und Feiern gehörten offenbar eng zusammen, man war im Guten wie im Bösen mit den Göttern im Gespräch. Dies unterscheidet die Ägypter fundamental von der gegenwärtigen Kultur des Fußballs. Bei einer Niederlage wird heute nicht mehr mit dem Fußballgott gehadert, statt dessen wird die Trauer meist hinuntergeschluckt und verinnerlicht. Oliver Kahn reckte nicht etwa die Arme verzweifelt in den Nachthimmel von Yokohama und rang mit dem Allmächtigen, nachdem er im Finale gegen Brasilien gepatzt hatte. Vielmehr kauerte er still an seinem Pfosten, mit herunterhängenden Armen. Ganz anders die Menschen im Land der Pharaonen. Sie hätten an Kahns Stelle sicherlich die Hände gen Himmel gestreckt. Denn unter ihren Hieroglyphen gibt es das entsprechende Zeichen eines Mannes mit erhobenen Armen, das – wie schon erwähnt – Freude, aber auch Trauer und Verzweiflung verkörpert.

Andere, wie der iranische Fußballspieler Ali Dae, danken Allah. Und das in der derselben Weise wie die Ägypter mit ihren charakteristisch angewinkelten Armen und offenen Handflächen. Auch ein bekennender Katholik wie der brasilianische Stürmer Zé Roberto hebt beide Arme zum Dank. Sein nach oben gerichteter Zeigefinger und der Aufdruck auf seinem T-Shirt lassen keine Zweifel daran, wem der Lobpreis gilt: »Jesus liebt dich.«

Heißer Draht nach oben – Ali Dae dankt Allah

Eine Gebärde, zwei Gefühle – Klagen und Jubeln am Nil

Noch intensiver wirkt jedoch

der Triumph, wenn die Arme nicht nur erhoben, sondern zusätzlich beide Fäuste geballt werden und der Torschütze gar noch in die Luft springt. Mit dieser kraftvollen Gebärde wird der Spieler doppelt so groß. Die erhobenen Arme verlängern ihn optisch um einen halben Meter, der Sprung fügt einen weiteren halben Meter hinzu. Alles in allem kann sich der Sportler einen Moment lang in dem Gefühl wiegen, drei Meter groß zu sein. Es ist die schöne Illusion der größten anzunehmenden Selbstvergrößerung. Doch die Selbstvergrößerung kann auch in die Breite gehen, wie es etwa Winston Parks aus Costa Rica vorführt. Im Sprung faßt er sich an das Trikot, zerrt es von sich weg, weitet es gleichsam und möchte so einen muskulären Brustkorb à la Superman vortäuschen.

Ob nun aber waag- oder senkrechte Selbstvergrößerung im Luftsprung, dieses Imponiergehabe hat nur ein Ziel: es möchte den am Boden liegenden Gegner symbolisch demütigen. Vielschichtiger wird es dagegen, wenn sich zwei oder mehrere Fußballspieler umarmen.

Die Illusion der Selbstvergrößerung – Winston Parks spielt Superman

Bevor es dazu kommt, muß erst einmal symbolisch die Entfernung zu den Mitspielern überwunden werden. Deshalb greift der Schütze zu einer besonderen Geste: der Einladung zur Umarmung. Mit ausgebreiteten Armen und seligem Lachen spurtet er über das Feld. Doch schon in dieser Phase beginnen die Schwierigkeiten des Jubelns. Der Torjäger will einerseits die Arme gen Himmel rekken, um sich größer zu machen; zum andern möchte er den anstürmenden Kameraden umarmen. Normalerweise endet dieser Konflikt mit einem Kompromiß: der Schütze hält die Arme diagonal nach oben – in freudiger Erwartung des ersten Gratulanten.

Eine Sonderform des Umarmens ist die Gebärde des Auf-den-Arm-Nehmens. Trug einst der deutsche Nationalspieler Oliver Bierhoff seinen Teamgefährten Marco Bode auf Händen, handelte es sich einerseits um eine mütterliche Geste. Der Verhaltensforscher Konrad Lorenz glaubte einst beweisen zu können, daß diese Reaktion der Frau angeboren sei. Sein Beweis: alle Mütter nähmen ein Baby mit derselben Gebärde in die Arme, wie es im übrigen bereits kleine Mädchen mit ihren Puppen praktizierten.

Zum andern zitierte der Torschützenkönig Bierhoff eine chevalereske Geste aus dem Mittelalter. Damals konnte sich der Mann als Kavalier beweisen, wenn er eine Frau über eine schmutzige Straße oder durch einen Bach trug. Diese Fürsorge schlug sich in der Redensart »Jemanden auf Händen tragen« nieder, die heutzutage ebenso noch gepflegt wird wie die Sitte, nach der der Bräutigam seine Braut über die Schwelle trägt.

Das Bild vom Torschützen als Braut zitiert traditionelle Geschlechterrollen. Völlig frei davon ist hingegen das imperiale Zeichen des Jemanden-auf-den-Schultern-Tragens. Es geht dabei nicht um die Mann-Frau-Beziehung im Zeichen der höfischen Kultur. Vielmehr klingt hier das feudale Verhältnis von Herr

Der Herr und die Knechte – Pelés Triumphritt 1970

und Knecht an. So waren es die Mitspieler des Edson Arantes do Nascimento, die ihn nach dem WM-Gewinn 1970 auf ihre Schultern hoben. Pelé erinnerte an einen Cäsaren, der hoch erhobenen Hauptes auf seinem Roß durch die Menge reitet und deren Beifall entgegennimmt. Seine Teamkollegen indessen machten sich zum Pferd. Und gerade diese klaren Hierarchien, oben der Kaiser, unten das Fußvolk, bedienen monarchische Sehnsüchte, die der Fußball offensichtlich bedienen kann.

Beim Hoch-Leben-Lassen macht dagegen keiner den Buk-kel krumm. Die Spieler heben den Helden vielmehr symbolisch aus seinem Sattel und machen ihn zu ihrem Spielball. Wenn etwa Stuttgarts Coach Felix Magath von seinen Spielern nach Erreichen der Champions League in die Luft gewirbelt wird, ist das ein Zeichen höchster Wertschätzung. Es schwingt aber auch stets das Risiko mit, zuerst wortwörtlich »hochgejubelt«, später umso abrupter »fallen gelassen« zu werden.

In postmodernen Zeiten scheint alles erlaubt zu sein. Das rustikale Triumphgebaren von harten Männern, die sich knuffen und puffen, gehört genauso dazu wie innige Umarmungen und andere Streicheleinheiten. Das war früher anders. Die Briten fanden zunächst die Umarmungen auf dem Fußballplatz ähnlich schockierend wie ihre Vorfahren das Walzertanzen. Denn diese Intimitäten – körperliche Nähe galt ja bereits als Vorspiel einer sexuellen Beziehung – spielten sich nicht nur öffentlich ab, sondern auch noch zwischen Männern.

In der Geschichte der menschlichen Zivilisation, wie sie auch auf dem Fußballplatz gespiegelt wird, schienen jedoch die Scham- und Peinlichkeitsschwellen zu sinken. Das Publikum gewöhnte sich an die Umarmungen erwachsener Männer im Scheine des Flutlichts. Dennoch gab es ein Skandalon, das noch in den achtziger Jahren des vergangenen Jahrhunderts die Sittenwächter auf den Plan rief und selbst den Fußballweltverband FIFA zu Strafmaßnahmen greifen ließ. Der Stein des Anstoßes war – ein Kuß. Oder genauer: viele, viele Küsse. Nicht irgendwer wurde dieses Vergehens für schuldig befunden, sondern das damalige *dream team* des deutschen Fußballs: Paul Breitner und Karl-Heinz Rummenigge. Wenn Breitner wie so oft ein Tor vorbereitet und sein Gefährte vollstreckt hatte, wiederholte sich im Anschluß folgende Szene: Paul nahm Kalles Kopf in beide Hände, rieb seinen Vollbart an dessen bilderbuchroten Bäckchen und drückte ihm einen herzhaften Kuß darauf. Das aber schockierte die FIFA-Gewaltigen derart, daß sie eigens eine Tagung der Regelkommission einberiefen, die im Oktober 1981 folgenden Tadel erließ: «Das ist unmännlich, übertrieben gefühlsbetont und deshalb unangebracht.« Sogar über Sanktionen wurde nachgedacht, die aber erst später eingeführt werden sollten: die Gelbe Karte für übertriebenen Torjubel. Doch auch dieses Kuß-Tabu ist mittlerweile wieder gefallen. So durfte mehr als zwei Jahrzehnte später etwa der Bremer Spieler Fabian Ernst seinen Teamkollegen Ailton herzen, ohne getadelt oder gar verwarnt zu werden.

Endlich Kußfreiheit ohne FIFA-Tadel – Fabian Ernst und Ailton

Diese Tyrannei der Intimität scheint immer mehr in Mode zu kommen. Auch das Wangentätscheln und Haarestreicheln gehört dazu. Doch daneben gibt es auch noch die alte Schule. Vor allem in Situationen, in denen ein Team bereits haushoch führt, sieht man das rührende Auf-den-Rücken-Klopfen. Ebenfalls ist der biedere viktorianische Händedruck noch nicht völlig verschwunden, zum Beispiel, wenn ein Spieler vom Platz geht und den eingewechselten Kollegen begrüßt. Wohldosierte Freundlichkeit und kontrollierte Leidenschaft: in diesen Gesten lebt das Zeitalter der Gentlemen fort. Die Welt der *ghetto kids* verkörpert dagegen das Ritual des Abklatschens.

Der Abklatsch vom Abklatsch – Der Niedergang des High-Five-Rituals erreicht die A-Jugend

Nicht nur die Handflächen brannten in der afroamerikanischen Subkultur der achtziger Jahre, als dort die zeremonielle Begrüßungsgebärde erfunden wurde: »Hey brother, gimme high five«, lautete zunächst das Vorspiel zu dieser Geste, zu deutsch etwa: gib mir die erhobenen fünf Finger deiner Hand. Sie verlangte indessen eine hohe Koordinationsfähigkeit, denn beide erheben dabei zunächst die Rechte und schlagen die Handflächen über dem Kopf so präzise gegeneinander, daß ein intensives Klatschgeräusch zu vernehmen ist. Meist folgte dann der elaboriertere High-Five-Code, nach dem der rechte Arm nach dem ersten Abklatschen in einer Ruderbewegung nach unten geführt wird, wo es in Hüfthöhe zu einem zweiten Abklatschen kommt. High Five könnte auch *high noon* heißen, den irgendwie fühlt man sich an die Artistik von Revolverhelden erinnert.

Dieses Ritual fand Eingang in den Basketball, über den es nach Europa kam. Bei diesem Kulturtransfer blieb allerdings viel von der ursprünglichen Faszination dieser Geste auf der Strecke. Zum einen kann man auf dem Fußballplatz kaum noch etwas von der machohaften Energie und Platzhirschsymbolik wahrnehmen, die einst dieses Zeichen ausmachte, zum andern handelt es sich bloß noch um den Abklatsch vom Abklatsch. Die Virtuosität ist perdu. So beschränken sich die Profis auf ein einfaches, doppelhändiges, überdies ziemlich mattes Gegeneinanderschlagen der Handflächen, wenn sie ein- beziehungsweise ausgewechselt werden. Das kann in Schulterhöhe geschehen oder in der Art, daß einer die Handflächen nach oben hält und der andere gewissermaßen einschlägt. Oder die Spieler laufen an den Zäunen entlang und klatschen die Zuschauer ab. Diese Dankesgeste wird aber von den Fußballmillionären oftmals nur noch als Pflichtprogramm absolviert, um Basisnähe zu demonstrieren. Die Handhabung der Kundenpflege ist offenbar so lästig, daß sich der Arminia-Bielefeld-Profi Michael Sternkopf zu einer freiwilligen gestischen Selbstverpflichtung auf seiner Homepage genötigt sah: »Wir müssen uns überlegen, was wir außerhalb des Platzes für die Fans tun können. Es darf nicht mehr sein, daß wir nach einem Spiel nicht mehr in den Fanblock gehen. Uns ist bewußt, welche Strapazen, auch finanzieller Art, unsere Anhänger auf sich nehmen. Das sollten wir honorieren – durch kleine Gesten des Dankes, sei es durch eine Trikotspende oder sei es das Abklatschen am Zaun.«

Neben der schlichten Geste des Abklatschens haben sich im Liga-Alltag aber auch komplexere Bewegungsabläufe etabliert. Dazu gehören vor allem diverse Tänze. Sie stammen aus den unterschiedlichsten Kulturen und künden sowohl von der zunehmenden Internationalisierung des Fußballs als auch von dessen popkultureller Inszenierung. Ein Tänzchen in Ehren kann niemand verwehren, sagen sich immer mehr Torschützen. Wie das Abklatschen gehört es mittlerweile zum festen Repertoire der Schönjubler. Doch die Anfänge waren vergleichsweise bescheiden. So schreibt Desmond Morris 1981 über das Aufkommen des »Kriegstanzes«: »Er ist eine seltene Variante, die sich aber in letzter Zeit zunehmender Beliebtheit erfreut. Er stellt keine als Scherz gedachte Karikatur eines

Eingeborenentanzes dar, sondern ist ein Bewegungsablauf, ähnlich dem Rennen auf der Stelle oder einem sehr schnellen Laufen mit den Beinen, während sich der Oberkörper nur langsam fortbewegt. Er scheint eine ›verdichtete‹ Form des Torsprints zu sein und präsentiert sich als verhaltener, gewissermaßen sublimierter Gefühlsausbruch.«

Noch spontaner und authentischer wirkte der tänzerische Torjubel des deutschen Stürmers Gerd Müller. Wie ein Kind drehte und wendete er sich nach seinem Siegtor bei der WM 1974 und vollführte ein paar leichtfüßige Luftsprünge. Im Rilkeschen Sinne wohnte diesen tänzerischen Anfängen ein zarter Zauber inne. Der sollte jedoch bei der WM 1990 endgültig verblassen. Denn fortan standen einstudierte Choreographien im Mittelpunkt. Es war jener historische Moment, als der Kameruner Roger Milla einen grellen multikulturellen Tanz kreierte, der mühelos Kontinente miteinander verband und afrikanische Expressivität und lateinamerikanische Rhythmen miteinander verschmolz. Milla schuf den Eckfahnen-Lambada, der als eigentlicher Ursprung allen inszenierten Torjubels gilt. Der Hüftschwungtanz am nächstgelegenen Fähnchen sollte stilprägend wirken und zahllose Nachahmungstäter auf den Plan rufen.

Der Eckfahnen-Lambada und die Nachahmungstäter – Weltmeister Djorkaeff schwingt die Hüften

Mittlerweile gibt es den Fahnentanz des französischen Weltmeisters Djorkaeff, eine ungelenke Variante des Milla-Lambadas, oder die gemeinschaftliche »Tor-Samba« von Zé Roberto und Kirsten, wobei nicht von ungefähr der Lateinamerikaner den steifen Deutschen führen mußte. Das ist kein Wunder, gehen doch fast alle Fußballtänze entweder auf Lateinamerikaner oder Afrikaner zurück. Das gilt auch für den »Tanz um das goldene Hemd«, wie man jenes neue Ritual bezeichnen könnte, welches die Senegalesen erstmalig bei der WM 2002 nach ihrem sensationellen Auftaktsieg gegen Weltmeister Frankreich zelebrierten. Der Torschütze Papa Bouba Diop zog damals sein Trikot aus und animierte seine Gefährten zu dem traditionellen westafrikanischen »Jalgati«, wie Sportreporter staunend zu berichten wußten.

Die Tänze machen eine Entwicklung deutlich, die den Fußball seit den neunziger Jahren prägt. In dem Moment, als der biedere Volkssport immer mehr zum Showgeschäft wurde, gab es eine Inflation der Triumphgebärden. Bei der allmählichen Verfertigung der Gesten beim Jubeln trat indessen die Spontaneität immer mehr in den Hintergrund. Instinktive Gebärdenklassiker wie das Hochreißen der Arme oder die geballte Faust wichen manirierten Posen, die offensichtlich von langer Hand vorbereitet wurden. Nicht die Freude des Augenblicks wird beschworen, sondern die Meta-Ebene. So gab der Torjubel des Dänen Brian Laudrup bei der Europameisterschaft 1992 nicht etwa Auskunft über seine aktuelle Gefühlslage. Sie symbolisierte vielmehr den überraschenden Umstand, wie sein Team in letzter Minute zu dem Turnier angereist war. Der Stürmer legte sich nach seinem Tor mit kokettem Augenaufschlag kameragerecht auf den Boden und stützte den Kopf auf die Hand, als ob er müßig am Strand liege. Mit den pantomimischen Mitteln früher Stummfilmhelden machte er deutlich, daß die Dänen mitten aus dem Strandurlaub doch noch zur EM reisen durften, weil kurz zuvor Jugoslawien wegen des Krieges gegen seine Nachbarn ausgeschlossen worden war. Und vor allem: ohne die Qualen des Trainingslagers wurde Laudrups Mannschaft Europameister.

Laudrups Stand- und Strandbild sollten weitere Siegesposen folgen. Während sein Stilleben die Umstände der Turnierteilnahme inszenierte, verwiesen drei Brasilianer auf die persönlichen Umstände des Torschützen. Romário, Bebeto und Mazinho wiegten bei der WM 1994 ein imaginäres Baby in ihren Armen: einer der Spieler war kurz zuvor Vater geworden. Zugleich drückte sich hier die Siegeszuversicht des Rekordweltmeisters aus: wir werden das Kind schon schaukeln.

Diese mütterliche Geste deutet vielleicht auch auf die Verweiblichung des Fußballs seit den neunziger Jahren. Nicht nur Machoposen gehören fortan zum Repertoire der Männer, sondern auch Gesten der Fürsorge. Selbst Schwangerschaft wird plötzlich ein Thema. So stopfte sich etwa der Schalker Rodriguez den Ball unter das Trikot, als er in der Saison 2003/2004 seinen Ausgleichstreffer gegen 1860 München feierte und stolz die Kugel vor sich herschob. Diese Mutterschaftsphantasien überkommen offensichtlich nicht nur Fußballer. Denn genau vier Tage später ließ der Profi-Boxer Wladimir Klitschko in einem Interview mit der Zeitschrift *Woman* verlauten, er wäre gern schwanger, wenn er eine Frau sein könnte: »Zu spüren, wie Leben in einem wächst, das ist sicher toll.« Daß gerade männliche Muskelprotze und das Thema Schwangerschaft im gegenwärtigen kulturellen Bewußtsein vorstellbar geworden sind, legte Jahre zuvor schon der Film *Junior* nahe. Im Mittelpunkt stand der spätere kalifornische Gouverneur Arnold Schwarzenegger. In dieser Hollywood-Komödie sah man nicht den Bi-, Trizeps oder Latissimus der Body-Builder-Ikone wachsen, sondern auch dessen Bauch: der Terminator in anderen Umständen.

Dennoch bleiben die Frauenversteher in der Minderzahl. Der Machismo dominiert. Und da werden vor allem archetypische Helden der Volks-, aber auch der Hochkultur zitiert. Zum einen gibt es die Torero-Geste, die der Spanier Javier Marías bei seinem Landsmann Claudio als peinlich empfand. Aber auch Real Madrids Star Raúl bediente sich dieser Gebärde, als er sie mit der spanischen Nationalflagge nach dem Champions League Finalsieg gegen den ewigen Zweiten Leverkusen, von Spöttern auch »Neverkusen« genannt, vollführte.

Der Stierkampf ist ein Schauspiel auf Leben und Tod. Er findet seine fiktive Entsprechung in der Oper. So ist es kein Wunder, daß der brasilianische Torschütze Ailton einen Heldentenor mimt und mit der ausgebreiteten Rechten in die Ränge jubiliert. Die gen Himmel weisende Geste des Heldentors findet wiederum ihre folgerichtige Fortsetzung in der Gebärde des Himmelsstürmers. So inszenierte etwa der England-Legionär Jürgen Klinsmann seinen Traum vom Fliegen, indem er seine Arme wie Flügel ausbreitete und in Schlangenlinien über den Platz lief. Mit der Geste des Überfliegers hatte er eine bildmächtige Chiffre für seine Erfolge in der Premier League gefunden.

Beim himmlischen Jubel regiert selbstvergessene Freude. Ihre Kehrseite ist die demonstrative Schaden-Freude. Zwischen Siegesposen und Spottgesten sind die Grenzen fließend, und ein prominentes Beispiel dafür ist ein Symbol, das im Zweiten Weltkrieg erfunden wurde: das Victory-Zeichen.

Diese Gebärde mit der nach vorne zeigenden Handinnenfläche wurde angeblich am 14. Januar 1941 von einem belgischen Anwalt namens Victor De Lavelaye kreiert. Während des Krieges soll er in einer Radiosendung vorgeschlagen haben, das V-Zeichen für den Propagandafeldzug gegen die Nazis zu benutzen. Der britische Premier Winston Churchill griff demnach die Idee auf, was kaum überrascht. Denn er verstand nicht nur die psychologische Bedeutung der Rhetorik, die er bereits kurz nach seiner Amtseinführung am 13. Mai 1940 in der sprichwörtlich gewordenen Blut-, Schweiß- und Tränenrede so eindringlich mit Leben erfüllt hatte: »I have nothing to offer but blood, toil«(zu deutsch: Mühe, Plackerei), »tears and sweat.« Churchill wußte vielmehr auch, wie wichtig die körperliche Beredsamkeit in Kriegszeiten war.

Das V-Zeichen wurde zum Inbegriff der Siegesgewißheit, doch es konnte auch zur Spottgeste werden, etwa als 1963 der italienische Spieler Orlando vom AS Rom seinem deutschen Kontrahenten Otto Rehhagel von Hertha BSC die gespreizten Finger provokativ ins Gesicht hielt.

Triumphieren, um zu beleidigen, diese Bedeutung schwang schon immer bei diesem Symbol mit, zumindest in Großbritannien. Denn wenn man beim V-Zeichen nicht die Handinnenfläche nach vorne richtet, sondern dem Gegenüber den Handrücken zeigt, bedeutet das eine handfeste Beleidigung. Bei Ausländern führt das oft zu Verwirrung, weil sie diese

Geste mit dem Zeichen für Victory verwechseln. Auch in Ägypten kann das Symbol für Irritationen sorgen. Sieht beispielsweise ein europäischer Tourist, wie eine einheimische Hausfrau vor einem Dörrobststand das V-Zeichen macht, so handelt es sich keineswegs um die Siegesgewißheit einer orientalischen Schnäppchenjägerin: es bedeutet nämlich schlicht und ergreifend ein Paar Feigen.

Das Repertoire der Spottgesten scheint unerschöpflich. Claudio Pizarro etwa mimte den Rotzlöffel und streckte nach seinem Tor die Zunge heraus. Aggressiver verfuhr Emile Mpenza. Der Ex-Schalker legte ein imaginäres Maschinengewehr an: der finale Todesschuß nach dem Torschuß. In Wild-West-Manier inszenierte dagegen Antun Labak seine Pantomine und spielte mit zwei rauchenden Colts. Der symbolische Schußwaffengebrauch nimmt in den Fußballstadien zu. Am populärsten ist aber in den vergangenen Jahren eine Geste geworden, die Triumphgebaren, Spott und Exhibitionismus vereinigt.

Das Hemd ist näher als die Hose: das Ritual des Trikotausziehens und andere Inszenierungen

Das Trikotausziehen ist seit geraumer Zeit ganz groß in Mode. Im Zeitalter von Waschbrettbauch und allgegenwärtiger Erotik scheint das kaum verwunderlich: ein durchtrainierter Leib soll schließlich auch zur Schau gestellt und zum Objekt eigener wie fremder Lust werden. Doch zugleich gilt das Diktum von Kurt Tucholsky: »Mit dem nackten Körper stets den Begriff der Erotik zu verbinden, das ist ungefähr so intelligent, wie beim Mund stets an das Essen zu denken.«

Das Entblößen des Leibes kann nämlich auch Schadenfreude bedeuten, wie der Verhaltensforscher Karl Grammer herausgefunden hat. Wenn sich ein Fußballer etwa das Trikot über den Kopf stülpt und seinen nackten Oberkörper ausstellt, folgt er unbewußt uralten Bräuchen : »Es liegt in der Natur des Menschen, sich beim Spotten zu entblößen und die

Genitalien zu präsentieren. In einigen Kulturen zeigen Frauen ihre Brust und nutzen das als Schreckensgeste.« Des weiteren existiere in Papua-Neuguinea ein Volksstamm, »da schnippen sich die Männer mit den Fingern an den Penis, wenn etwas besonders gut ist, wenn sie jemanden lächerlich machen wollen«.

Die Hose bleibt an – Timo Rosts nackter Spott

Zum rituellen Hose-Runterlassen im großen Stil, zum phallischen Spotten gar, reicht jedoch offensichtlich die Enthemmung im europäischen Fußball noch nicht aus. Und so ist den Profis im wahrsten Sinne des Wortes das Hemd näher als die Hose. Der Deutsche Fußball-Bund weiß jedoch sehr wohl um das Demütigungspotential des Trikotsausziehens. Dabei erweist sich der Verband als Nachfahre des Philosophen Kant. Bei der eigens erlassenen DFB-Regel appelliert er mit rührenden Worten an die menschliche Vernunft: »Die Spieler dürfen ihre Freude nach einem Treffer zeigen, jedoch in einem vernünftigen Maß. Die Spieler werden für unsportliches Verhalten verwarnt, wenn ihr Feiern (z.B. Trikotausziehen) provokativ anmutet und sie beabsichtigen, ihre Gegner oder die gegnerischen Fans anzuheizen oder bloßzustellen.«

Vom Hose ausziehen ist indessen in dem Regelwerk nicht die Rede. Doch es gibt schockierende Beispiele, wo tatsächlich die Shorts fielen. Allerdings ging es da nicht um das phallische Verhöhnen, wie es die Penisschnipper aus Papua-Neuguinea pflegen, sondern gewissermaßen um das rektale Verspotten. Zu diesem ebenso ungewöhnlichen wie drastischen Mittel griff 1984 der Torwart Wolfgang Kleff. Der Grund: der Präsident von Fortuna Düsseldorf hatte ihm die

Verlängerung seines Vertrags verweigert und damit die Bundesligakarriere des früheren Nationalspielers vorzeitig beendet. Kleff war darob so erbost, daß er einen hinterhältigen Plan faßte, um seinen Abgang selbst zu inszenieren. Das theatralische Gespür, mit dem er zu Werke ging, läßt durchaus an Goethes dramatisches Geschick in seinem »Götz von Berlichingen« denken. Kleff verlegte die ungeschminkte Redeweise des Helden vom Theater in das Stadion und fand den Weg von der Sprache zur Körpersprache. Es war ein historischer Moment für den Schlußmann, als er nach 413 Matches zum letzten Mal auflief. Nach 70 Minuten täuscht er eine Verletzung vor und deutet dem Trainer an, daß er ausgewechselt werden möchte. Nun folgt die Geschichte einer Entblößung, wie sie bislang in deutschen Arenen noch nicht gesehen ward. Kleff geht in Richtung Fankurve. Er hebt die Arme, läßt sich feiern. Dann zieht er die Schuhe aus, wirft sie über den Zaun. Es folgen die Stutzen, dann das Trikot. Was er anläßt, ist die knapp geschnittene Hose. Vor der Haupttribüne schließlich und den Logen des Präsidiums verbeugt er sich – und zieht blank.

Allein, das Entblößen des Hinterteils bleibt ein Skandalon. Zwar ist das sogenannte Götz-Zitat in aller Munde. Doch nur als Verharmlosung kursiert es im heutigen Sprachgebrauch, denn »Leck mich am Arsch« stand so niemals in der Urfassung des Schauspiels »Götz von Berlichingen«. In einer Szene im dritten Akt, in der Götz dem Hauptmann des Reichsheers durch einen Trompeter eine Nachricht überbringen läßt, heißt es wörtlich: »Vor Ihro Kaiserliche Majestät hab ich, wie immer, schuldigen Respekt. Er aber, sags ihm, er kann mich *im* Arsch lecken.« Die ungleich drastischere Redensart »Leck mich im Arsch« – die übrigens bereits seit 1500 bekannt und von Goethe also lediglich zitiert wurde – entfaltet aber in der Neuzeit dann immer noch ihren ganzen provokatorischen Gehalt, wenn sie pantomimisch dargestellt wird. Vor allem im puritanisch geprägten England. Während Wolfgang Kleff genau wußte, warum er erst bei seinem Abschiedsspiel diese anstößige Geste wählte, agierte der britische Fußballer Sammy Nelson mit sträflichem Leichtsinn, der mit der ganzen Härte der Fußballgremien geahndet werden sollte. Dabei hatte der Spieler von Arsenal London, im Gegensatz zu dem deutschen Torhüter, nur heitere Absichten. Er ließ seine Shorts lediglich fallen, um seine Fans scherzhaft zurechtzuweisen. Die waren offensichtlich belustigt, nicht so die Vereinsfunktionäre. Der bekannte Possenreißer erhielt deshalb von seinem Club eine drakonische Geldstrafe samt – man höre und staune – Spielverbot, und selbst die britische Football Association sah sich zu Strafmaßnahmen genötigt.

Diese Episode belegt eindrucksvoll, wie hoch die Scham- und Peinlichkeitsschwellen im britischen Fußball der siebziger und achtziger Jahre lagen. Aber auch im deutschen Fußball der neunziger Jahre gab es eine Gebärde, die hohe Wellen schlug.

Wohl kein anderer Fußballer als Stefan Effenberg hat es jemals geschafft, mit einer schlichten Geste Eingang in den Volksmund zu finden. Bei der WM 1994 kam es im Spiel gegen Südkorea zu jener berühmt-berüchtigten Begebenheit, als er seinen Mittelfinger in Richtung der deutschen Fans reckte. Sein Nachname wurde fortan zum Synonym für den sogenannten Stinkefinger, die Spottgeste wurde gar als »den Effe machen« bezeichnet. Seine Gebärde hatte auch nachweislichen Einfluß auf die zeitgenössische Folklore: noch heute kann man im Internet einen »Stinkefinger Effe Zwerg« – einen schwarzen, rauschebärtigen Bilderbuchgnom mit erhobenem Mittelfinger – für 1,99 Euro ordern.

Warum war diese Geste so provokant, daß Effenberg damals umgehend von Bundestrainer Berti Vogts nach Hause geschickt wurde? Der Bundesliga-Coach Christoph Daum jedenfalls hatte einst seinen stinkefingernden Stürmer Ulf Kirsten in Schutz genommen und dreist behauptet: »Er hat angezeigt, daß er in einer Minute ausgewechselt werden will.« Der eigentliche Grund für Bertis Strafaktion liegt wohl darin, daß der Starfußballer ausgerechnet die eigenen Fans verunglimpft hatte. Außerdem war es eine Gebärde, die männliches Sexualgeprotze verkörpert. Denn der aufgestellte Mittelfinger gilt traditionell als Symbol für das erigierte männliche Geschlechtsteil und bedeutet schlicht und ergreifend: »Schau her, so groß ist meiner.« Es mag Effenbergs eigene Dummheit gewesen sein, die den Aufschrei der Öffentlichkeit provozierte. Oder er hatte möglicherweise einen wunden Punkt in der männerbündischen Gesellschaft des Fußballs getroffen, in der man sich qua Stinkefinger nicht als Schlappschwanz verhöhnt sehen wollte.

Die Geste – mit der sich der deutsche Nationalspieler selbst entzaubert hatte – wurde übrigens bereits in der Antike verwendet, und zwar als Gebärde der Entzauberung, um den Bann von schützenden Göttern außer Kraft zu setzen. So riet der römische Dichter Catull Dieben, beim Eindringen in die Anwesen reicher Römer das obszöne Zeichen zu benutzen, um es als Gegenzauber gegen Hermeskopf-Statuen einzusetzen.

Erstaunlicherweise gehört der Stinkefinger immer noch zu den wirkungsmächtigsten Beleidigungsgesten in der westlichen Kultur und hat sogar Einzug in die deutsche Rechtssprechung gehalten. Wer vor einer polizeilichen Videokamera zur Verkehrsüberwachung die Gebärde vollführt, muß mit einer Bestrafung wegen Beleidigung rechnen, selbst wenn die Beamten für den Fahrer nicht sichtbar sind. Doch auch unter Autofahrern gilt sie als Straftatbestand. Laut ADAC ist das Zeigen des Mittelfingers mittlerweile gar die häufigste Verfehlung. Die Schwere des Vergehens drückt sich zudem in nackten Zahlen aus: während das Vogel-Zeigen oder der sogenannte Scheibenwischer lediglich mit bis zu 2000 Euro geahndet werden, kann die Effenbergsche Gebärde glatt das Doppelte kosten.

Wird der Stinkefinger jedoch, wie 2003 bei der Verleihung der Brit Awards, in eine Fernsehkamera gehalten und an ein unsichtbares Millionenpublikum gerichtet, gehört er des weiteren auch noch dem Krawallrapper Eminem, dann verkommt er zu einer saft- und kraftlosen Routinegeste entsprechend der zur Konversationsfloskel herabgesunkenen Beleidigung »Fuck you«.

Im Fußball verkörpert der Mittelfinger jedenfalls immer noch die dunkle, obszöne Seite der Gesten. Das muß nicht in jedem Falle geschäftsschädigend sein, wie der phänomenale Verkaufserfolg von Effenbergs Autobiografie *Ich hab's allen gezeigt* im Jahr 2003 bewies. In der großen Seifenoper des deutschen Fußballs besetzte die gelernte »Dienstleistungsfachkraft bei der Bundespost« die Rolle des rücksichtslosen Aufsteigers. Mit äußerster Glaubwürdigkeit verkörperte er dabei jenen Kulturstil, für den in den neunziger Jahren das Eigenschaftswort »prollig« erfunden wurde. Und das betrifft nicht nur, wie beim ominösen Stinkefinger, Fragen der Körpersprache: »Ich hatte viel zu kräftig getankt und mußte erst mal auf die Toilette und ordentlich über der Kloschüssel abhängen, um zu kotzen», steht in seinem Buch geschrieben.

Mit diesem Jargon der »repressiven Entsublimierung«, wie einst Herbert Marcuse die gewaltsame Entzauberung der Kultur und ihrer Tabus beschrieben hatte, stärkte der »Cheffe« seinen Ruf als Deutschlands Skandalfußballer Nr. 1.

Sein Gegenstück in Sachen Gestik, der Anti-Effenberg schlechthin, spielte jahrelang mit ihm bei Bayern München, kommt gleich nach ihm im Alphabet – und aus Brasilien: es ist Giovane Elber. Er ist nicht nur ein vorbildlicher Angestellter. Auch in seinem Privatleben gibt es keine Skandale zu vermelden. Darüber hinaus ist er ein Sympathieträger von hohen Graden, der mit seinem offenen Gesichtsausdruck, seinem gewinnenden Lachen und den glutvollen Augen auch optisch das Gegenteil des blauäugigen Hamburgers darstellte, der wiederum in seinen besten Zeiten an das von Nietzsche verherrlichte »Wüthen der blonden germanischen Bestie« gemahnte. Vor allem aber zeichnen Elber seine Qualitäten als Entertainer und phantasievoller Gestenerfinder aus. Wie nur wenige in der Bundesliga hatte er begriffen, daß das Rollenfach des Gefühlsdarstellers heutzutage unabdingbar zu dem Arbeitsplatzprofil eines Profis gehört. Formal bediente er sich dabei aus dem Fundus von Slapstick, Pantomime und Folklore, inhaltlich scheute er auch keine symbolischen Zitate aus Religion und Politik.

Der spätere Legionär bei Olympique Lyon schien das gesamte Gesten-Repertoire zu beherrschen. Da ist zunächst einmal das intensive Sich-Freuen, welches auf den spontanen Naturburschen schließen läßt. Doch er tat auch viel für die Kommunikationspflege mit seinen Fans. Anders als Effenberg suchte er den positiven Kontakt mit der Kundschaft und legte zum Beispiel die linke Hand hinter sein Ohr, als ob er die »Elber-Elber«-Schlachtrufe lauter hören wollte. Selbstverliebt ließ er sich feiern, und der Charme seines natürlichen Selbstbewußtseins beförderte ihn nicht ohne Grund zu *everbody's darling*.

Der Bundesliga-Legionär griff zudem zu kulturellen Integrationsgesten. So zitierte der Profi vom FC Bayern München eine lokale Tanztradition, als er mit seinem baskischen Kollegen Bixente Lizarazu eine Art Schuhplattler auf Knien vollführte. Passend zum Vielvölkerverein von der Isar verschmolzen so bodenständiges Erbe und Verfremdung, Bayern und Brasilien. Außerdem hatte sich Elber selbst vorbildlich integriert. Im Gegensatz zu Lizarazu und vielen anderen ballspielenden Gastarbeitern sprach er gut deutsch und schlüpfte auch

Schuhplattler goes Multi-Kulti – Giovane Elber und Bixente Lizarazu

mit sichtbarer Freude in die Lederhosen, wenn beim Oktoberfest die bajuwarische Verwurzelung der Multi-Kulti-Truppe kontrafaktisch beschworen wurde.

Der Katholik konnte aber auch mit islamisch geprägten Riten aufwarten, wie bei seiner Anbetungsgebärde des eigenen Trikots. Er zog dabei das Hemd aus, legte es wie einen Gebetsteppich auf den Rasen, hob beide Hände nach oben und beugte dann den Oberkörper mehrere Male vermutlich gen Mekka.

Außerdem inszenierte er regelrechte Mini-Komödien, die von der Comedia dell'arte beeinflußt schienen. Elber mimte den Hanswurst und spielte effektvoll mit der kindlichen Lust des Sich-Versteckens und dem Kitzel des Entdecktwerdens: zuerst sprang er auf das ausgerollte Bayern-Emblem aus Schaumgummi, das am Spielfeldrand lag, dann wickelte er sich ein. Schließlich nahmen Salihamidzic und Jancker pantomimisch an dem Versteckspiel teil und suchten scheinbar ahnungslos nach dem Verschollenen, bis sie ihn entdeckten und wieder auswikkelten. Zugleich läßt sich diese Szene auch als symbolische Doppelstrategie lesen: einerseits steigerte der Torschütze qua Geschenkverpackung seinen Wert. Zum andern besetzte er eigenmächtig die Marke seines Arbeitgebers: wo Bayern draufsteht, ist Elber drin.

Der Brasilianer scheute sich aber auch nicht vor großen politischen Gesten. So ahmte er nach den Anschlägen des 11. September 2001 mit beiden Händen ein Flügelflatttern nach und versinnbildlichte auf diese Weise eine Friedenstaube. Gebärdenforscher bezeichnen

Der Traum des Philosophen Leibniz – Elbers Botschaft nach dem 11. September 2001

dieses Verfahren übrigens als »Ideoplasie«, wenn eine figürliche Vorstellung – wie etwa eine Kugel oder eine Kiste – plastisch dargestellt wird. Der im wahrsten Sinne des Wortes handgreifliche Friedensappell ging jedenfalls per Satellit um die Welt und gemahnte so an die Utopie von Gottfried Wilhelm Freiherr von Leibniz. Der Philosoph glaubte fest daran, die verschiedenen Nationen eines Tages durch eine gemeinsame Gebärdensprache einen zu können.

Elbers politische Botschaft, die über das Stadionrund hinauswirken wollte, liegt offensichtlich im Trend. In den Fußballarenen häuft sich der Hang zum Bekenntnis. Besonders lateinamerikanische Torschützen ziehen regelmäßig ihr Trikot hoch und zeigen religiöse *messages* auf ihren Unterhemden: »Gott ist treu« steht da etwa zu lesen. Oder es werden private Liebeserklärungen abgegeben, wenn sich beispielsweise ein Stürmer seines Trikots entledigt und darunter das T-Shirt mit einem Foto von seiner Tochter auftaucht.

Kein Südamerikaner war indessen so schöpferisch wie Elber. Der multikulturelle Mythen-Manager war unermüdlich, wenn es um die Erfindung neuer Gesten ging. Immer wieder wollte er Publikum und Mitspieler amüsieren, überraschen und vor allem: originell sein. Dieser Wunsch nach Unverwechselbarkeit beflügelte einerseits seine Kreativität. Zum andern erzeugte er aber auch einen unerhörten Zwang zur Originalität. Dabei war Elber Täter und Opfer: er produzierte den Zwang und erlag ihm zugleich.

Ob symbolträchtige Gesten oder gekünstelte Posen – im Showgeschäft Fußball verschärft sich der Kampf um das eigene Image. Auch die Konkurrenz in Sachen Triumphgesten spitzt sich zu. Und da gibt es einen Wettbewerb, der im Unterschied zur Weltwirtschaft ein dramatisches Süd-Nord-Gefälle aufweist: eindeutige Gewinner sind die Gefühlsdarsteller aus Lateinamerika – man denke nur an Elber – und Afrika – dem Kontinent des Vortänzers Milla –, während die Nordeuropäer im Schatten stehen.

Vor allem die deutschen Fußballer tun sich schwer mit den

heiteren Jubelchoreographien der Südländer. Die ebenso leichtfüßigen wie ironischen Tänze sind ihnen trotz aller Anpassungsversuche fremd geblieben. Liegt es an der Steifheit ihrer Hüften oder an inneren Blockaden? An einer Kultur, die – trotz alller Lockerungsübungen der Spaßgesellschaft – immer noch von der protestantischen Arbeitsethik geprägt wird? Oder hat es sogar tieferliegende religiöse Wurzeln, etwa die Gebärdenarmut des evangelischen Ritus, der im Unterschied zum Katholizismus keine sinnenhafte Körpersprache hervorgebracht hat?

Unzweifelhaft bleibt jedenfalls: die Verkrampfung der deutschen Nation ist Fleisch geworden in den Siegesposen ihrer Fußballer. Das Paradebeispiel dafür ist Nationaltorhüter Kahn: wenn er die Faust ballt und seinen Ur-Schrei in den Himmel stößt, kann das auf zarte Gemüter wie eine Drohgebärde wirken. Die Geste ist einerseits das Ventil, um mit der ungeheuren Anspannung umzugehen. Zugleich zeigt sie den unbedingten Siegeswillen des dreimaligen Welttorhüters.

Die Leichtigkeit des Seins will aber selbst dann nicht so richtig aufkommen, wenn die Deutschen gegen einen Außenseiter spielen und dann auch noch haushoch gewinnen wie beim 8:0 gegen Saudi-Arabien. Nicht weniger als dreimal werden die Fäuste geballt. Einmal zieht der glatzköpfige Jancker sein Trikot aus und mutet in dieser offensiven Entblößung wie eine Mischung aus Skinhead und Meister Proper an. Nur einer scheint einmal sprichwörtlich aus der Rolle zu fallen. Miroslav Klose springt einen Salto. Schnörkellos, kraftvoll, athletisch. Doch auch bei dieser Einlage fehlt das Spielerische und Tänzerische, wenn man sie etwa mit den Inszenierungen des Kongolesen Rolf-Christel Guié-Mien vergleicht. Der verzierte seine Jubelsalti höchst kunstvoll, indem er zuvor ein Rad schlug. Noch artistischer trieb es dessen Teamgefährte Wilfried Sanou im Dezember 2003: der Freiburger feierte sein Tor gegen den VfL Bochum mit einem mehrfachen Flickflack und anschließendem Salto. Während die Afrikaner verschwenderische Freude verkörpern, vollführt der Profi aus Kaiserslautern eine abgezirkelte Turnübung.

So offenbaren die Deutschen ihre ureigenen Schwierigkeiten beim Jubeln. Doch auch bei den Südländern spürt man ein zunehmendes Unbehagen. Zwar gehen ihnen die Siegesposen locker von der Hand, unterschwellig leiden sie ebenfalls an den Zwängen des kommerzialisierten Fußballs. Manch einer fühlt sich als hochbezahlter Sklave, der in den Netzen der Unterhaltungsindustrie gefangen ist. Dieser Leidensdruck äußert sich in ebenso bizarren wie theatralischen Triumphgesten. Hier erscheint das Stadion als *circus maximus* und der Torschütze als Gladiator, der nur eines im Sinn hat: er möchte aus dem System der *panem et circenses* ausbrechen. So erwähnt der Schriftsteller Javier Marías »den Nigerianer Yekini, der mit den Armen durch das eben von seinem Schuß zerrissene Netz Chöre dirigiert, als wäre er ein Gefangener, der sich nach der Freiheit jenseits der Gitter sehnt«. Und leidgeprüft fügt Marías hinzu: »Wenn wir nicht aufpassen, macht Benetton ein Werbeplakat daraus.« Opernliebhaber konnten dabei durchaus an jene berühmten Verse des Gefangenenchors aus *Nabucco* denken:

> Flieg, Gedanke, getragen von Sehnsucht,
> lass' dich nieder in jenen Gefilden,
> wo in Freiheit wir glücklich einst lebten,
> wo die Heimat uns' rer Seele – ist.«

Nicht alle Ausbruchsphantasien äußern sich derart kultiviert, daß sie an Guiseppe Verdi gemahnen. Im Gegenteil: es handelt sich oftmals um Gebärden, die an die von gefangenen Raubtieren im Zoo erinnern. Doch selbst diese symbolischen Fluchtversuche werden strengstens unterbunden. So lautet die Regel Nummer 10 des Deutschen Fußball-Bunds: »Spieler dürfen grundsätzlich nicht die Zäune hinaufklettern, weil dies als provokatives Feiern gilt und daher unsportliches Verhalten ist.« Mit Politikern hingegen wird nachgiebiger verfahren. Kein Richter bestrafte im nachhinein den SPD-Abgeordneten Gerhard Schröder, als der in den achtziger Jahren am Zaun des

Bonner Kanzleramts rüttelte und seinen berühmten Satz rief: »Ich will hier rein.«

Das Verbot des Zäunebesteigens kann jedoch nicht darüber hinwegtäuschen, daß andere Posen immer wichtiger werden. Vor allem, wenn diese zunehmend als Marketinginstrument genutzt werden. Das schlagendste Beispiel: der Torjubel als Schuhreklame. Die dezenteste Version erinnert immerhin noch an den religiösen Ursprung des Fußeküssens. Ulf Kirsten etwa legte sich nieder und drückte seine Lippen auf die schneeweißen Schuhe des Torschützen Zé Roberto. Deutlicher wird der Stuttgarter Kevin Kuranyi. In einem Akt der (Marken-)Fetischisierung zieht er seinen linken Schuh aus und küßt ihn. Das mag bei allem Narzißmus noch nachvollziehbar sein, hatte er doch mit dem Markenstiefel den Treffer erzielt. Völlig absurd wird es jedoch, wenn Marcelinho ebenfalls seinen Schuh auszieht, ihn dann aber während eines Hechtsprungs in die Luft hält. Was war geschehen? Er hatte sein Tor keineswegs mit dem Fuß erzielt, sondern per Kopf.

Marcelinhos Siegespose markiert einen vorläufigen Höhepunkt bei der Kapitalisierung der Triumphgesten. Aus dem

Der Torjubel als absurde Schuhreklame – Marcelinho zeigt nach seinem Kopfballtor den neuen Markenstiefel

spontanen Jubel ist ein Werbespot geworden. Diese Entwicklung ist wiederum nicht denkbar ohne die moderne Mediengesellschaft. Erst das Fernsehen hat der Produktwerbung eine neue Dimension eröffnet. Sie macht aus Alltagsgegenständen Objekte der Begierde und aus Fußballspielern Superstars. Im Kampf um Aufmerksamkeit lautet auch hier die zentrale Frage: wo ist die Kamera? Nur wenn ich auf dem Bildschirm bin, bin ich. Und nur die Videotechnik stellt sicher, daß ich mich sehe und gesehen werde. Niemand hat das besser gewußt als Diego Armando Maradona. Nicht von ungefähr hat ihn die Mediengesellschaft groß gemacht und letztlich zerstört. Deshalb wollte er nach seinem Niedergang noch einmal Rache nehmen und sich selbst in Szene setzen. Und als ebenso sicher wie sein Torriecher erwies sich sein medialer Instinkt. So schildert Javier Marías die Triumphgebärde Maradonas nach dessen Treffer gegen Griechenland: »Er rannte wie ein wildgewordener Irrer zum Spielfeldrand oder besser gesagt – mit bewundernswertem Orientierungssinn –, zu einer Kamera, die festhielt, wie er mit seiner gebräunten Haut und seinem Ring im linken Ohr auf sie zulief, als wäre er ein Pirat beim Entern eines Schiffes. Ihm auf dem Fuß folgten die lächelnden Kameraden Chamot, Simeone und Redondo. Er aber lächelte nicht, er sah aus, als hätte er einen Säbel zwischen den Zähnen, beinahe wirkte es, als wollte er wütend seinen Kopf in die Kamera rammen. Warum bloß reagiert jemand, der einmal der beste Spieler der Welt war und bei Meistervereinen prächtige Tore geschossen hat, so verbissen? Wahrscheinlich verabschiedete er sich auf diese Weise, nachdem er verhaftet, eingesperrt, verleumdet und verhört worden war, nachdem man ihn verstoßen und hatte fett werden lassen. Es war die Freude eines erschöpften Mannes, der seinen Hut nimmt.«

Maradonas aggressive Inszenierung macht deutlich, wie sehr die Siegesposen von der Wirklichkeit der Kameras bestimmt werden. Im Medienzeitalter ist die Unschuld des Jubels endgültig vorbei. So spiegelt die Geschichte der Triumphgesten auch mustergültig den Prozeß der Zivilisation wider, wie ihn der Soziologe Norbert Elias beschrieben hat. Denn eine seiner zentralen Thesen besagt, daß Selbstzwang und Affektkontrolle stetig zunehmen.

Bereits in den Anfangszeiten des modernen europäischen Fußballs hielten Torschütze und Mannschaft ihre Gefühle im Zaum. Die Beherrschung der Affekte gehörte zur Grundausstattung des *sportsman*, der sich vom gemeinen Pöbel abgrenzen wollte.

Diese Selbstkontrolle wurde gar noch verstärkt, als südländische Fußballer die Siegesposen revolutionierten und das gefühlsbetontere Jubilieren salonfähig machten. Nun könnte man meinen, daß die Nordeuropäer dadurch gelernt hätten, natürlicher und unverstellter zu feiern. Das Gegenteil ist der Fall: zu der Selbstbeobachtung kam die intensive Fremdbeobachtung der Exoten hinzu. Die Folge: man war nicht bei sich, sondern bei den anderen und ahmte – bewußt oder unbewußt – die fremden Triumphgesten nach. So wurde die vermeintliche Unschuld des ausgelassenen Jubels immer mehr von dessen Simulation verdrängt. Und je mehr die Siegesposen inszeniert wurden, um so mehr ging der Affekt zurück: aus der gefühlsgeladenen Gebärde wurde die effektvolle Theatergeste.

Die modernen Massenmedien haben diese Entwicklung ungemein beschleunigt. Sie treiben den Prozeß der Individualisierung unerbittlich voran und wollen unermüdlich neue Stars hervorbringen. Die wiederum stehen unter dem zunehmenden Zwang zur Originalität. Doch je enthemmter die Torschützen jubeln, um so gehemmter erscheinen sie: ihre Freude zeigt sich als Dienstleistung, die im harmlosesten Fall die Fans erfreut, im durchtriebensten Fall den Schuhhersteller promotet.

Das Unheil der professionellen Fußballmenschen zeigt sich nirgendwo deutlicher als in den einstudierten Siegesposen. Doch zugleich bieten sie auch Rollensicherheit. Nicht nur für die Stars, sondern auch für die Hobbyfußballer. Denn genau so wie die Wald- und Wiesenkicker das Trikot mit der Rückennummer ihres Idols tragen, imitieren sie die Gebärden ihres Vorbilds. Und dieses gängige Repertoire an Gesten kann den

Laien zum Berufsfußballer erheben. Ein Traum wird wahr. Dank der gekonnten Hand-Habung der einschlägigen Zeichen. Und es blieb Nick Hornby vorbehalten, diese wundersame Verwandlung in seinem Roman *Ballfieber* zu schildern: »Zum Glück ist es möglich, Profifußballer zu sein, ohne auf einem Spielfeld der Liga aufzulaufen und ohne mit der Statur, der Schnelligkeit, der Kondition oder dem Talent eines Fußballers gesegnet zu sein. Es gibt die Grimassen und Gesten – die verdrehten Augen und zusammensackenden Schultern, wenn du eine gute Chance vergibst, das Abklatschen erhobener Hände, wenn du triffst, die geballten Fäuste oder das In-die-Hände-Klatschen, (...) den Fingerzeig, wohin du gern den Paß geschlagen haben möchtest, und, nachdem der Paß genauso gekommen ist und du es trotzdem versaut hast, die erhobene Hand, die beide Tatsachen anerkennt.«

Fußball und bildende Kunst

Duchamp kam aus der Tiefe des Raums oder: Die Leinwand als Spielfeld

»Erfolg ist wie Schönheit: er kann nicht immer dauern«, erkannte seinerzeit der legendäre Toni Schuhmacher. Kein Wunder, daß es ein Torwart war, der die Flüchtigkeit des Fußballs beschrieb. Von Berufs wegen bewachte er die enge Gnadenpforte zu Sieg oder Niederlage; zugleich hütete er das Tor zu Ruhm oder Namenlosigkeit, das wenigen Stars ewiges Leben und den vielen anderen dauerhaftes Vergessen beschied. Und so ist es nicht erstaunlich, daß sich bei ihm eine besondere Sensibilität für die Vergänglichkeit allen Spielens und Seins entwickelte.

Daß aber Schönheit nicht vergehen und der Lorbeer nicht welken muß – das vermag allein das kulturelle Gedächtnis. Geschichtsbücher lassen Augenblicke wie das Siegtor des DDR-Stürmers Jürgen Sparwasser gegen die Bundesrepublik Ewigkeit werden und die Sternstunde eines erloschenen Staates immerfort erstrahlen. Presse, Radio und Fernsehen dokumentieren Haupt- und Staatsaktionen auf dem grünen Rasen und bewahren überraschende Triumphe wie den Gewinn der Weltmeisterschaft anno 54, aber auch grausame Entscheidungen wie das immer noch umstrittene Wembley-Tor vom 30. Juli 1966. Noch dauerhafteren Ruhm aber scheint die Kunst zu versprechen, wie schon Friedrich Hölderlin gehofft hatte: »Was aber bleibet, stiften die Dichter.«

Schriftsteller möchten die Wirklichkeit steigern, bloße Fakten und Statistiken hinter sich lassen, höheren Sinn stiften – und am besten sprichwörtlich werden. Wenn ihre Poesie als geflügeltes Wort aus des Volkes Maul flattert, dann hat der Autor gewissermaßen einen Auswärtssieg errungen. Peter Handke ist das mit einer Erzählung gelungen, die einem sofort zum Thema

Fußball und Literatur einfällt, und wiederum steht ein Keeper im Zentrum. *Die Angst des Tormanns beim Elfmeter* hat es tatsächlich geschafft, in unseren Wortschatz einzugehen, obgleich der Startorhüter Petar Radenkovic schon beim Erscheinen des Buches ein vernichtendes Urteil aus Profisicht fällte: »So'n Quatsch!«

Ähnlicher Unmut eines prominenten Kickers über ein vergleichbar fußballfremdes Ölbild oder eine entsprechend sportbanausische Skulptur ist indessen nicht überliefert. Das mag daran liegen, daß es sich bei dem Thema Fußball und bildende Kunst um einen weißen Fleck in der Kulturlandschaft handelt: es gibt kein einziges Kunstwerk, das im allgemeinen Bewußtsein verankert ist.

Ist nun dieser Sport gänzlich uninteressant für Maler, Bildhauer oder Medienkünstler? Mitnichten. Weltstars der Nachkriegskunst wie der spanische Bildhauer Eduardo Chillida – den übrigens erst eine Knieverletzung zur Aufgabe seiner Karriere als Profitorwart zwang – oder Joseph Beuys – ein klammheimlicher Fan des 1.FC Köln – haben sich damit beschäftigt. Kein Geringerer als Pop-Art-Guru Andy Warhol porträtierte den eingangs zitierten Toni Schumacher. Aber auch zeitgenössische Malerfürsten wie Sigmar Polke und Markus Lüpertz aus dem Westen der Republik oder ihr ostdeutscher Kollege Wolfgang Mattheuer kreisten mit ihren Pinseln um das runde Leder, das laut Reglement ins Eckige soll. Last but not least waren die längst verstorbenen Helden der Kunstgeschichte wie der naive Maler Henri Rousseau oder Konstruktivisten vom Schlage eines Robert Delaunay oder Fernand Léger vom Kicken fasziniert.

Besonders seit den neunziger Jahren des vergangenen Jahrhunderts erlebt das Sujet eine regelrechte Hochkonjunktur bei jungen Künstlern – und auch Künstlerinnen. Das ist wenig überraschend. Denn Fußball wurde immer mehr zum Medienereignis, das fast rund um die Uhr und weltweit auf den Kanälen flimmert; außerdem avancierte der Sport zum wichtigen Wirtschaftsfaktor, der wiederum Medien- und Werbeindustrie beflügelt, aber auch ruiniert; schließlich zum Life-Style-Phänomen, das etwa Fußballtrikots und Sportschuhe im Retro-Design mit den Weihen der Hipneß versah und die Grenzen zwischen Hoch- und populärer Kultur, fußballverachtenden Frauen und chauvinistischen Sportfanatikern durchlässiger machte. Kurzum: der Fußball verließ seine kleinbürgerlich-männerbündlerische Schmuddelecke und wurde – um es mit dem Modewort der neunziger Jahre zu sagen – Kult.

Zu Beginn des 20. Jahrhunderts war dieser Sport für viele Künstler ein dynamischer Ausdruck der modernen Zivilisation. Maler wie Bart van der Leck oder Thijs Rinsema sahen darin ein starkes visuelles Motiv, das sie als ein reizvolles Spiel der Farben und Formen interpretierten. Herbert Fiedler oder Max Beckmann interessierten sich für die Schichtung von Körpern, während Willi Baumeister oder später Nicolas de Staël die Figuren immer mehr abstrahierten.

Doch es herrschte nicht nur ästhetisches Wohlgefallen und ungetrübte Begeisterung für den Fußball. Schon früh deuten ihn Künstler als Metapher für den Überlebenskampf im Kapitalismus. Oder als Symbol für die vergnügungssüchtige Massengesellschaft – und als Opium für das Volk. So fertigt John Heartfield 1919 eine Collage mit dem vieldeutigen Titel *Jedermann sein eigener Fußball* an. Man sieht einen jungen Herrn im schwarzen Anzug, der von Schulter bis Knie von einem riesigen Fußball im wahrsten Sinne des Wortes ummantelt wird. Den rechten Arm kann er gerade noch heben, und doch lüftet er mit großer Geste den Hut. Der Fußball hat den menschlichen Körper überformt. Im Zeitalter der Unterhaltungsindustrie kann nun jedermann getreten werden, wenn er sich selbst zum Spielball macht.

Heartfield war ein wichtiger Vorläufer jener Künstler, die sich ab Ende der sechziger Jahre des letzten Jahrhunderts vorwiegend kritisch und ironisch mit dem Fußball befaßten. Sie rückten den Kult um die Stars, den Kommerz und die Flucht in das kleinbürgerliche Freizeitvergnügen in den Mittelpunkt. Spielerisch kreisten sie um ein Massenphänomen, das auf einmal als neues Naturgesetz erschien. Sein erster Satz lautete: unser Planet dreht sich um zwei Gestirne, die Sonne und den Fußball.

Kick mich! – Der Ball

»Der Fußball hat eine Seele. Sie ist schlaff und leblos, wenn keine Luft in ihr ist. Wird Luft in sie gepumpt, (...) so kann der Fußball bewegt werden: er kann rollen, er kann flitzen, er kann hüpfen, er kann Luftsprünge machen, (...), er kann mit der Luft, die er in sich hat, sich dem Widerstand der Luft von außen aussetzen, er kann für eine Zeit der Schwerkraft widerstehen.« Der Schriftsteller Peter Handke meditierte in seinem 1972 erschienenen Text *Die Welt im Fußball* über das eigentliche Wesen dieses Sportgeräts. Er reflektierte ebenso die Span-

Markus Lüpertz, Fußball dithyrambisch, 1968

nung zwischen Erdanziehung und dem Wunsch nach deren Überwindung wie die Leere, das Ausgepumptsein des Objektes der Begierde bis zu dessen Stadium des höchsten Ausgefülltseins. Mit den Mitteln des Wortes versuchte er den Fußball als animistisches Ding zu fassen, das erst lebt, wenn es mit dem Odem der Welt ausgefüllt ist.

Mit den Mitteln der Malerei wiederum erhob 1968 der Künstler Markus Lüpertz das pralle, aufgepumpte Leder zur Ikone. In der zeitgenössischen Kunst ist Lüpertz' Bild die vermutlich einflußreichste Darstellung dieses Motivs. *Fußball dithyrambisch* nannte er das großformatige Ölbild. Es zeigt einen altmodischen hellbraunen Ball, der aus nierenförmigen Lederstücken zusammengenäht ist. So schlicht auch dieses Bild heutzutage wirken mag, so komplex ist seine Entstehungsgeschichte, wie Lüpertz dem Verfasser erklärte: »Ich malte in der Zeit die ersten Spargelfelder. Ich interessierte mich für diese endlosen Reihungen der aufgeschütteten Erdhäufen. Der traditionelle Fußball war aus rundlichen Lederriemen zusammengenäht und eben noch nicht aus Fünf- und Sechsekken, wie das heute der Fall ist. Da kam mir diese Assoziation. Die einzelnen Lederriemen erinnerten mich an die schnurgeraden Spargelfelder, aber nicht als Strecke, sondern als Kreis. Der Ball erschien mir zugleich wie eine Sonne, doch irgendwie hatte er ähnliche Formen wie die Spargelfelder.«

Von Spargelfeldern und Sonne zum Fußball – diese wundersamen Wege der künstlerischen Inspiration hatten dennoch einen realen Hintergrund. Denn der 1941 in Böhmen geborene Künstler malte dieses Gemälde nicht etwa aus der Phantasie. Der passionierte Hobby-Fußballer hatte vielmehr immer einen Ball griffbereit im Atelier und stilisierte ihn zu einem hintersinnigen, ebenso ironischen wie pathetischen Motiv – ganz im Sinne seiner »dithyrambischen Malerei«, die er in den sechziger Jahren in dröhnenden Manifesten beschwor.

Für den Maler, Bildhauer und Grafiker ist das klassische hellbraune Leder auch heute noch der Inbegriff des Fußballs und ein ungemein kostbares Objekt. Denn als armes Flüchtlingskind aus Böhmen konnte er sich, 1948 im Rheinland angekommen, keinen eigenen Ball kaufen, als er auf der Straße anfing zu kikken: »Der erste Fußball, an den ich mich erinnere, war ein Papierknäuel, das zusammengedrückt wurde, und dann wurden aus alten Fahrradschläuchen Gummibänder herausgeschnitten, und die wurden immer darum gebunden, immer darum gebunden, immer darum gebunden, wie zu einem Wollknäuel. Und es war nachher eine doppelapfelgroße, beinharte Kugel, mit der dann zwanzig gegen zwanzig spielten. Man sah den Ball gar nicht, und einmal dranzukommen, war schon ein Erlebnis. So fing das an. Dann kaufte mein Vater nach der Währungsreform für teures Geld einen Tennisball – den werde ich auch nie vergessen. Ich weiß noch, daß er damals 220 Mark gekostet hat. Ein gebrauchter, abgewetzter Tennisball, den wir als Jungen unbedingt haben wollten.«

Lüpertz' erster Fußball entstand aus dem Geist der Improvisation: ein Papierknäuel bildete den Kern für die Kugel. Dasselbe Prinzip wählte anno 2000 der spanische Designer Martí Guixé für seine verblüffend einfache Konstruktion eines Wegwerffußballs. Er wickelte Klebeband mit darauf gedruckten schwarzen und weißen Fünf- und Sechsecken um zusammengeknülltes Zeitungspapier. Dabei handelt es sich um eine äußerst kindgerechte Lösung für das Spielen auf der Straße oder im Garten. Wird nämlich zum Beispiel ein Rosenbeet in Mitleidenschaft gezogen und der Ball von der Mutter konfisziert, kann man sich sofort ein neues Spielgerät basteln, wie Guixés dazugehöriger Comic ganz realistisch veranschaulicht.

Es muß also kein richtiger Ball sein, und diesem Aspekt hat Peter Handke in seinem Essay philosophische Würden verliehen: »Auch ein Apfel kann, zumindest solange er ganz ist, als Fußball dienen, ebenso ein zusammengebundenes Stoffzeug oder zusammengeknülltes Papier oder sogar eine gar nicht runde Konservendose, wenn sie sich nur bewegen läßt; denn wenn sie sich bewegt, so hat sie in ihrer Bewegung schon den Anschein, rund zu sein. Das Rundsein ist sozusagen die Idealvoraussetzung für die Bewegung auf der Erde.«

Dem bewegungsstiftenden Rundsein des Balles spürte der Hobbyfußballer Lüpertz seit 1976 mit seiner eigenen Mannschaft nach. Als Kunstprofessor in Karlsruhe hatte er sie gegründet und Lokomotive Lüpertz getauft: » Das war eine Ironisierung auf die DDR-Vereine. Wenn man schon auflief, dann wollte man auch im Westen ein bißchen provozieren, und: es reimt sich so schön. Es heißt ›LL‹.«

Das runde Leder verheißt Mobilität, und bei Lüpertz' Gemälde spürt man das Eigenleben, das diese bis zum Bersten gefüllte, pralle Kugel in sich trägt oder bei Berührung zu entfalten verspricht. Zugleich hat der Maler dem klassischen Lederfußball ein Denkmal gesetzt.

Denn schon zwei Jahre später gab es bei der Weltmeisterschaft 1970 in Mexiko eine regelrechte Design-Revolution. Im neuen Medienzeitalter änderte sich radikal die Gestaltung des Balles und die Form der Ledersegmente. Aus rund wurde eckig, die Nierenform wich dem Vieleck, das Einheitsbraun wurde durch das kontrastreiche, wabenartige Schwarz-Weiß ersetzt. Der Grund: das Sportgerät sollte im Fernsehen besser zu erkennen sein, denn zum ersten Mal in der Fußballgeschichte wurden die Spiele live über Satellit in alle Welt übertragen. Folgerichtig hieß der neue Ball *Telstar*, den die Firma mit den drei Streifen eigens kreiert hatte.

Die fernsehgerechte Kugel eroberte die Fußballwelt. Niemand weinte mehr dem braunen Leder hinterher, das Helmut Rahn anno 1954 zum Weltmeisterschaftsgewinn in die Maschen gejagt hatte. Denn auch der Telstar wurde legendär, als ihn Uwe Seeler bei der Hitzeschlacht von Leon in der 81. Minute im Rückwärtslaufen mit dem Hinterkopf ins Tor bugsierte und so den Weg zum triumphalen 3:2 gegen den Erzrivalen England ebnete. Wenigstens in dieser Stunde war das umstrittene Wembley-Tor und die Endspielniederlage im Mutterland des Fußballs vier Jahre zuvor vergessen. Das dramatische Finish sollte die Partie unsterblich machen: es war eine Halbzeit für die Ewigkeit.

Der neue Ball schien den Weg in eine neue Ära zu weisen.

So ist es kein Wunder, daß der Telstar schnell Eingang in die bildende Kunst fand. Mit dem geometrischen Muster aus Fünf- und Sechsecken wurde er zum Archetyp des modernen Fußballs. Sein Design ist so wirkungsmächtig, daß man selbst dann noch einen Fußball erkennt, wenn grundlegende Parameter verändert werden und der bis dahin als unumstößlich geltende Satz des Fußballphilosophen Sepp Herberger außer Kraft gesetzt wird: der Ball ist rund. In diesem Geist schuf der französische Künstler Fabrice Hybert 2001 seinen *ballon carré* – einen viereckigen, würfelartigen Ball, der dank der Lederwaben sofort als solcher identifiziert wird und sich so mit dem Handkeschen »Anschein des Rundseins« versieht. Beiläufig gelang die Quadratur des Kreises: prall gefüllt wartete das Spielobjekt in einer Ecke des Pariser Musée d'Art Moderne auf den Anstoß.

In einem völlig anderen Aggregatszustand befindet sich dagegen die Kugel in Peter Nagels Gemälde von 1970. Er zeigt sie im Zustand der totalen Erschlaffung. Das Objekt ist in sich zusammengefallen und läßt wiederum an Handkes wie in Marmor gemeißelte Sätze denken: »Der Fußball hat eine Seele. Sie ist schlaff und leblos, wenn keine Luft in ihr ist.« Dieser Melancholie und Metapher der Leere setzt der Bildhauer Günther Uecker zwei Jahre später eine aggressive Skulptur entgegen. Es muß eine schweißtreibende Arbeit gewesen sein, denn der Künstler mußte nicht nur ein, sondern Dutzende Mal den Nagel auf den Kopf treffen. Das Objekt taufte er *Spikes (Nagelfußballschuh)*, und man sieht, wie ein mit Nägeln gespickter Kickstiefel einen weißen Ball durchbohrt. Auch diese Gewalt läßt an den Salzburger Dichter denken, der die unterschwelligen sadistischen Motive der Fußballspieler offenzulegen sucht: »Welche Hochherrschaft über die Dinge: man kann an sie Fußtritte austeilen, ohne die würdevolleren Hände dabei rühren zu müssen. Man kann seine Lust und Unlust an den Dingen auslassen, die doch, wie die soziologischen Untersuchungen sagen, eine heimliche Herrschaft über den Menschen ausüben.«

Endlich einmal die Herrschaft über die Herrschenden auszuüben – an diesen revolutionären wie karnevalistischen Impuls erinnert hingegen der Südafrikaner Kendell Geers. Im blutigen Geiste der 1789er läßt er Köpfe rollen, mit welchen die Untertanen Fußball spielen sollen. So hat er bei seinem *Masked Ball* (2002) eine grinsende Latexmaske mit dem Konterfei des italienischen Staatspräsidenten Silvio Berlusconi über die Kugel gezogen. Ein Angebot für die Museumsbesucher, den Mächtigen einmal mit Füßen zu treten. Zugleich lautet die Botschaft, die auch an die Collage *Jedermann sein eigener Fußball* von John Heartfield erinnert: Wer zum Fußball wird, wird zum Spielball des Mobs.

Kendell Geers, Masked Ball, 2002

Dieses Motiv findet sich schon in Briefen von Horaz. Christoph Martin Wieland übersetzte eine Passage mit folgenden Worten: »damit, wenn Bacchus dir zu mächtig würde, du nicht der trunken jugend, der der muthwill noch besser ziemt, zum spott und fuszball werdest.« Auch Shakespeare verwies in seiner Komödie *Irrungen und Wirrungen* auf jene Metapher, die den Fußball mit einem menschlichen Mobbingopfer gleichsetzt:

> Bin ich so rund mit euch, als ihr mit mir,
> dasz ihr mich wie nen fuszball schlagt und stoszt?
> Hin und zurück schlägt mich ein jeder,
> soll das noch währen, so näht mich erst in Leder.

Die dunkle Macht des Fußballs mobilisiert animalische Instinkte. Sie weckt das Jagdfieber. Schon der Soziologe Norbert Elias hat darauf hingewiesen, daß es sich hier um eine symbolische Jagd handelt und der gejagte Ball dem gehetzten Wild entspricht. Dieses symbolische Geschehen kann aber sehr schnell in blutigen Ernst umschlagen, wenn zwei Diebe – wie im Frühjahr 2002 in Guatemala-Stadt geschehen – mitten in einem Fußballspiel den Ball stehlen, flüchten und schließlich von der aufgebrachten Menschenmenge mit Macheten erschlagen werden.

Doch die Kugel bleibt ein Paradoxon: einerseits ist sie Beuteobjekt. Man will sie erhaschen, will im Ballbesitz sein. Zum andern sie ist eine Jagdtrophäe, von der man sich trennen muß. Selbst der ballverliebteste Spieler, für den Abgeben ein Fremdwort ist, muß irgendwann vom Leder lassen: spätestens dann, wenn er ein Tor schießt.

Mit den Assoziationen von Jagd und Beute spielt die holländische Künstlerin Harriët Mastboom. Sie hat 1988 einen Fußball mit einem Panthermotiv aus Kunststoff überzogen. Damit verbindet sie die Sphäre der Mode – verkörpert durch das trendbewußte animal-print-Dekor – mit dem Mythos der Großwildkatzenjagd. Daß die Künstlerin kein echtes Pantherfell verwendet, scheint plausibel zu sein. Es ist nicht nur billiger und politisch korrekter. Der Kunststoff verweist auch auf den Stoff, aus dem seit 1986 alle Bälle gemacht sind. Seit dem *Adidas Azteca*, dem offiziellen Ball zur Weltmeisterschaft in Mexiko 1986, gibt es keine gegerbten Tierhäute mehr. Statt dessen heißt das Zauberwort Polyethuran, ein »Schaum aus mehrschichtigen Folienverbindungen«, kurzum: eine rein synthetische Angelegenheit.

Der Abschied vom runden Leder brachte zudem eine effektivere Produktionsweise mit sich. Früher, beim Ausstanzen der Tierhäute, konnten nämlich nicht alle Stücke verwendet werden, weil sie sich unterschiedlich dehnten; mit diesem Ausschuß konnte man keinen schön geformten Ball herstellen. Der Azteca, dessen Dekor übrigens auf die Traditionen der aztekischen Tempel und Wandbilder anspielte, beflügelte auch die Fantasie der Marketingpoeten, die ihm eine bis dato nie gekannte Performance auf harten Böden und in den extremen Höhen- und Wetterlagen Mexikos nachsagten.

Trotz ultramodernem, allzeit formbeständigem Kunststoff

setzt man heutzutage aber immer noch auf Handarbeit bei der Produktion. Auch 2002 ließ Marktführer Adidas den WM-Ball *Fevernova* in Marokko zusammennähen. Aus diesem High-Tech-Patchwork entstand der »präziseste Fußball, der jemals hergestellt wurde«, wie FIFA-Präsident Sepp Blatter vollmundig verkündete. Und der Hersteller ließ es sich nicht nehmen, eine hochwissenschaftliche Begründung dafür zu liefern: Die Flugbahn des Balles sei berechenbarer, weil die »Matrix« eine dichte und regelmäßige Struktur aufweise und somit die Energie überall in gleicher Weise wiedergegeben werde. Dennoch war das innovative Produkt im Vorfeld des WM-Turniers höchst umstritten. Dem Deutschen Marco Rehmer war es zu flatterhaft, der spanische Mittelfeldspieler Xavi klagte darüber, »daß der Ball leichter ist und man deshalb schwerer mit ihm umgehen kann«. Die Adidas-Werbeträger Zinedine Zidane aus Frankreich oder der Engländer David Beckham sahen das natur- und vertragsgemäß anders. Sie hatten die Kugel im Vorfeld getestet und – das Wörtchen Ballistik scheint hier tatsächlich von Ball zu kommen – waren von deren Flugverhalten restlos begeistert. Der Testkollege Pedro Aimar sah deshalb sogar mit banger Erwartung der ersten ernsthaften Ballbegegnung beim Turnier entgegen: »Wenn wir jetzt noch vorbeischießen, sind wir blamiert.«

Allein, die Produktion des Präzisionsgeräts bleibt aufwendig: stolze dreieinhalb Stunden beträgt die Arbeitszeit. Doch der Lohn in Marokko ist günstig, und die Endkontrolle findet in Deutschland statt. Westliche High-Tech-Materialien, die Handarbeit in Billiglohnländern und das Controlling wieder zuhause – die Herstellung eines Weltmeisterschaftsballs verkörpert mustergültig die ausdifferenzierten Arbeitsprozesse in einer globalisierten Welt. Viele zeitgenössische Künstler vereinigen dagegen diese Arbeitsschritte in ihrer eigenen Ich-AG. Die 1968 geborene Künstlerin Priscilla Monge verwendete für ihren *soccer ball* (1996) ebenfalls hochwertige synthetische Materialien; wie eine marokkanische Näherin fertigte sie in aufwendiger Handarbeit ihren Ball; und vor der Ausstellung unterzog sie ihn einer eigenen Qualitätskontrolle. Einziger Unterschied: statt Kunststoff verwendete sie weiße Damenbinden, die sie mit schwarzem Leder kombinierte. Wie so viele Künstler hält sie an der klassischen Schwarz-Weiß-Geometrie des Fußballs fest, während die WM-Bälle immer bunter und symbolbeladener werden.

Zur WM 1998 in Frankreich gab es den ersten farbigen Turnierball. Es war der *Tricolore*, und der wurde von der Flagge der *grande nation* inspiriert. Vier Jahre später wollte man der Kultur der Gastgeber Japan und Südkorea huldigen. Das Motiv ähnelte einer Turbine, die ein Sinnbild der technischen Errungenschaften der beiden asiatischen Industrienationen sein sollte. Die Farbe Gold hatte die Energie zu symbolisieren, welche die Gastgeber für ihr Turnier aufgebracht hatten, während die roten Flammen die treibende Kraft des Feuers verkörpern sollten. Für den stilbewußten italienischen Torhüter Gianluigi Buffon war dieser verwegene Mythen-Mix ein Affront. Das weltmeisterliche Arbeitsmittel bezeichnete er schlankweg als »lächerlichen Hüpfball für Babys«.

Mel Ramos, Football Funny, 1997

Während Priscilla Monge mit ihrem Fußball aus Damenbinden einen feministischen Blick auf den Männersport wirft, outet sich der Pop-Art-Künstler Mel Ramos wieder einmal als Super-Macho. Seit Jahrzehnten fühlt er sich der Playboy-Ästhetik der sechziger Jahre verpflichtet und malt nackte Girls, bevorzugt mit Bikini-Streifen. 1997 näherte sich der Amerikaner erstmals der Nummer-Eins-Sportart im alten Europa. Und zwar auf seine, je nach Standpunkt, bewährt konsumkritische oder sexistische Weise. Im Mittelpunkt seines Aquarells liegt ein überdimensionaler Fußball, worauf eine nackte Blondine mit angewinkelten Beinen thront, verführerisch den Betrachter anblickt und lasziv die vollen Lippen schürzt. In der Manier von Playboy-Gründer Hugh Hefner nennt Ramos das Aquarell mit dem roten Hintergrund *Football Funny*. In seiner plakativen Schlichtheit hätte es durchaus Chancen, als kostenlose Erotik-Postkarte in den Fanblöcken reißenden Absatz zu finden. Das Haserl als Kühlerfigur von König Fußball: die Wahrscheinlichkeit ist nicht gering, daß diese Bildsprache verstanden würde. So könnte der steile Abstieg der Kunst aussehen – vom Elfenbeinturm direkt in die Südkurve.

Spirtituell oder gar spiritistisch mutet dagegen das Objekt *De bal op de stip* (2000) von Siem van der Marel an. Der »Ball auf dem Elfmeterpunkt« ist ein kostbar wirkender Fußball aus Kristallglas, die Fünf- und Sechsecke sind präzise geschliffen. Zum einen läßt er an die gläserne Kugeln einer Wahrsagerin denken: was bringt die Zukunft? Geht der Ball rein oder daneben? Ist er Segen oder Fluch? Zum anderen erinnert die Kugel an den uralten Traum aller kickenden Jungs: den leuchtenden Ball, mit dem man sogar nachts spielen kann. Wäre es vorstellbar, daß man einen Fußball mit einer Leuchtschicht überzieht? Daß also Straßen-, Wald- und Wiesenfußballer ihre Matches auch nach Anbruch der Dämmerung ordentlich beenden könnten?

Das klingt zunächst sehr unwahrscheinlich. Doch die Wirklichkeit ist bereits weiter. Eine süddeutsche Firma erforscht Pigmente, die leuchten, wenn sie vorher im Licht gewesen sind, und mißt dabei »Nachleuchtdauer«, »Emissionsmaxima« und »Abklingkurven« nach DIN 67510. Allein, es gibt ein großes Dilemma: die Pigmente vertragen sich nicht mit dem Oberflächenmaterial des Balles, und so müßte ein Kunststoff gefunden werden, in den sich die Leuchtstoffpartikel einfügen lassen. Doch wo der Mittelstand in der Sackgasse scheint, schreitet der Weltkonzern voran. Adidas möchte 2004 einen

Fußball auf den Markt bringen, der leuchtet. Wie der Ball funktioniert, ist bislang noch geheim. Nur soviel hat der Pressesprecher verraten: der Ball werde aus Plastik sein. So stehen die Chancen nicht schlecht, daß sich im Jahr der Europameisterschaft die Dunkelheit verändern und es möglicherweise eine neue Sportart geben wird: Nachtfußball.

Einen Vorschein darauf wirft die durchsichtige Skulptur von Siem van der Marel. Schon 2000 hat sie mit der visionären Kraft der Kunst angedeutet, wo sich neue Wege des Spiels abzeichnen können. Von der optisch massiven, undurchsichtigen Kugel zum Ball mit transparentem, virtuellem Appeal. Ein Medium mit Medienqualitäten: ein Träger und Speicher von Licht. Wenn indessen der Leuchtball tatsächlich kommen wird, darf man gespannt sein, wie Künstler aus aller Welt auf dieses Ereignis reagieren. Die Medienkunst wird dann gefordert sein. Und Videofilmer und Internetästheten werden womöglich Nachtschichten einlegen müssen. Der Fußball als mobile Lichtskulptur. Seine Leuchtspuren werden eine neue visuelle Grammatik des Spiels entwerfen. Und der große alte Mann der zeitgenössischen Licht-Kunst, James Turrell, wäre versöhnt, wenn dann vielerorts das Flutlicht abgeschalten und die »Überbelichtung« unserer Städte eingedämmt würde. Der Leuchtball würde die Bewohner nicht mehr von der kosmischen Wahrnehmung abschneiden und den Freiluftkickern die Erfahrung eröffnen, in das Weltall eingehüllt zu sein, das ihren nächtlichen Bolzplatz schemenhaft erhellt.

Doch neue Ball-Technologien können nicht nur die Nacht und die fußballerische Praxis verändern. Sie sind vielleicht auch imstande, etwas mehr Gerechtigkeit zu schaffen. Hochfrequenztechniker des Erlanger Fraunhofer-Instituts haben 2003 winzige Mikrowellensender entwickelt, die im Ball und in den Schienbeinschonern der Kicker angebracht werden. Ein zentraler Computer kann anhand der empfangenen Signale die Positionen der Spieler und des Balles auf den Zentimeter genau berechnen. Auf der Armbanduhr des Schiedsrichters erscheinen die Begriffe Tor, Abseits oder Aus und geben sehr viel schneller und präziser Auskunft als der umstrittene Fernsehbeweis. Die Tüftler hoffen, daß ihre Erfindung bei der WM 2006 in Deutschland eingesetzt wird. Spätestens dann sollen jahrzehntelange Diskussionen wie etwa über das Wembley-Endspieltor von 1966 der Vergangenheit angehören. Ob das durchweg erfreulich ist, muß offen bleiben, denn allein die multimediale Aufarbeitung des legendären Wembley-Treffers hat unzählige Kulturleistungen hervorgebracht: Bücher und Gedichte wurden geschrieben, Soziologen und Historiker verfaßten auf dieser Folie Abhandlungen über das deutsch-englische Verhältnis der Nachkriegszeit, der Scharfsinn von Wissenschaftlern entzündete sich an Spielpositionen und Einschußwinkel und produzierte faszinierende Computersimulationen. Die Dialektik des Fortschritts wird hier wieder einmal offenbar: das technisch Machbare im digitalen Zeitalter muß in der analogen Welt des Fußballs nicht unbedingt wünschenswert sein.

Berti in Bronze, Beckenbauer in Beton – Das Idol

Der Religionswissenschaftler Alfred Bertholet definiert Religion als »eine Verhältnisbeziehung des Menschen zu einem von ihm als ›ganz Anderem‹ Empfundenen.« Dem praktizierenden Fußball-Fan gilt das als Binsenweisheit. Er ruft das ganz Andere mit liturgischen Gesängen an. Hingebungsvoll verrichtet er seinen Götzendienst, bekenntnisfreudig legt er Zeugnis ab und trägt stolz seinen Aufnäher wie zum Beispiel: »FC Bayern München ist meine Religion«. Vor allem aber preist er wortgewaltig seine Idole. Die Anhänger von Borussia Dortmund etwa entrückten einen rustikalen Abwehrspieler aus den Niederungen des allgemein Menschlichen in metaphysische Gefilde. Mit rhythmischen Sprechchören vollzogen sie seine Himmelfahrt und skandierten glaubensstark: »Jürgen Kohler, Fußballgott«. Mehr als ein halbes Jahrhundert später griffen sie damit eine Pathosformel auf, die Herbert Zimmermann in seiner legendären

Reportage aus dem Berner Wankdorfstadion für Nationalkeeper Toni Turek von Fortuna Düsseldorf geprägt hatte.

Aber auch die Hochkultur wird von den Anhängern in blasphemischer Weise zitiert. Carlo Levis literarisches Meisterwerk *Christus kam nur bis Eboli* wird von belesenen Fans durch den triumphierenden Nachsatz ergänzt: »Maradona bis Neapel«.

Die Vergötzung der Fußballspieler hat die bildenden Künstler schon seit langem fasziniert. Doch mit dem Aufkommen des Profi-Fußballs in der Bundesrepublik der sechziger Jahre und der zunehmenden Macht des Fernsehens erfuhr der Kult um die Superstars eine dramatische Steigerung. Die Maler und Bildhauer reagierten darauf mit unterschiedlichen Strategien. Für die Apotheose entschied sich etwa die Plastikerin Brigitte Schmittges. Sie machte eine Abformung des Körperteils, das der republikweit beste rechte Verteidiger der siebziger Jahre zur Verhinderung von WM- und EM-Niederlagen einsetzte: es war der rechte Fuß von Berti Vogts. Daraus fertigte sie eine Bronzeskulptur an, die sie auf einen schwarzen Sockel setzte. Dazu die edle Plakette mit dem genauen Geburtsdatum: »30.12.1946«. Diese Plastik hat übrigens ihren Ehrenplatz in

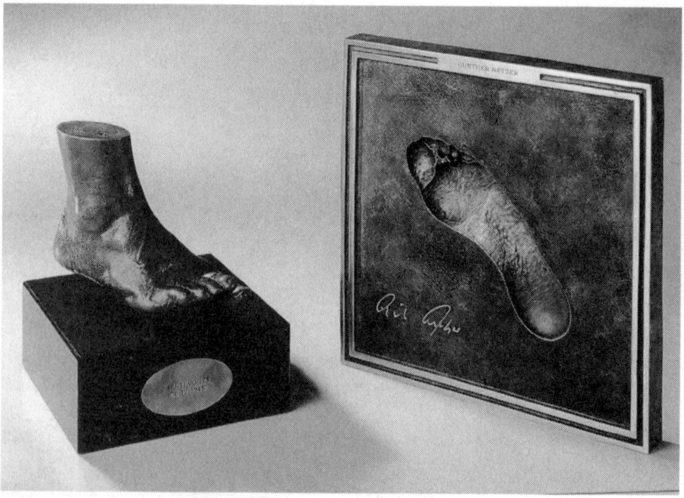

Brigitte Schmittges, Bronzefuß von Berti Vogts /
Frank Braun, Bronzeplatte mit Fußabdruck von Günter Netzer

der *Fußball Hall of Fame* gefunden, eben so wie der Bronzeabdruck von Günter Netzers rechter Fußsohle. Sein Geläuf hatte einen noch weitaus größeren Eindruck in der Wirkungsgeschichte des deutschen Fußballs hinterlassen und machte den Mythos des begnadeten Mittelfeldregisseurs möglich, der in der unsterblichen Metapher gipfelte: Netzer kam aus der Tiefe des Raums. Vergleicht man diese Bronzetorsi mit antiken Vorbildern, wird deutlich: bei den bronzenen Fußabdrücken von Netzer und Vogts handelt es sich um Porträts, genau genommen sogar um moderne Standesporträts. Dies setzt allerdings voraus, daß man die Heroen noch als Fußballspieler kennt und mit deren Stil vertraut ist. Verkörpert der kleine, gedrungene Fuß das oftmals destruktive Abwehrverhalten des »Terriers«? Und steht die schmale, lange Fußsohle für die kulinarische Ballbehandlung des Freistoßkünstlers? Die Skulpturen jedenfalls legen ein beredtes Zeugnis von dem Willen zur Anbetung ab. Dem Idol wird ein Monument errichtet, das in seiner Lebensnähe durchaus an die Reliquien von Heiligen erinnert, etwa an den einbalsamierten Finger der heiligen Katharina in Siena.

Ganz anders verfuhr dagegen der Bildhauer Erich Bödeker. Der Autodidakt aus dem Ruhrgebiet wurde erst spät von der Kunstwelt entdeckt, doch dann feierte sie seine hinreißenden Skulpturen umso vehementer. Statt edler Bronze wählte er einen Baustoff, der immer noch in zweifelhaftem Ruf steht; selbst dessen Lobbyisten mußten zu einem halbherzigen Werbeslogan greifen: »Beton – es kommt drauf an, was man draus macht.«

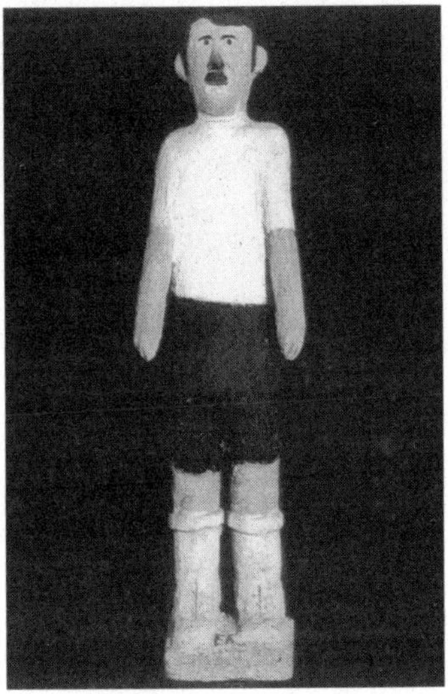

Erich Bödeker, Franz Beckenbauer, um 1970

Bödeker formte um 1970 einen Spieler aus dem grauen Material, den man nicht zweifelsfrei identifizieren kann. Erst der Titel gibt Aufschluß. Es handelt sich offenbar um Franz Bekkenbauer. Er trägt einen Moustache. Das aber hat der leibhaftige Beckenbauer nur kurz getan. Doch Bödeker hält in Beton die modische Verirrung fest. Es ist kein Heldendenkmal, das er dem Kaiser zu Ehren geschaffen hat. Eher eine Abstraktion. Und die Unähnlichkeit der vermeintlich primitiven Skulptur mit dem echten Franz, ihre naive Behauptung, den in allen Medien präsenten Star abzubilden, demontiert auch ganz subtil den Status des Idols.

Eine heroische Statue wollte dagegen eine anonymer Künstler aus Afrika errichten. Er schuf eine lebensgroße, ungelenk wirkende Betonskulptur eines kamerunischen Nationalhelden, die der deutsche Künstler Tobias Rehberger 2002 in einer Farbfotografie verewigt hat. Sie zeigt den legendären Stürmer Roger Milla. Er ist zweifelsfrei identifizierbar durch die Rückennummer neun und das rot-grüne Weltmeisterschaftsdreß von 1990, als bei diesem Turnier der Außenseiter Kamerun gleich im Eröffnungsspiel den Titelverteidiger Argentinien besiegte und Milla zum Publikumsliebling avancierte. Die stumme Plastik speichert eine dramatische Geschichte von Wiedererweckung und wundersamen Werken. Denn der 38jährige hatte die Fußballschuhe eigentlich schon an den Nagel gehängt, bis er sie auf Bitten des kamerunischen Staatspräsidenten Paul Biya wieder schnürte. Da er offensichtlich zu alt war für volle 90 Minuten, wurde er im wichtigen Spiel gegen Rumänien erst nach einer knappen Stunde eingewechselt. Allein, die restlichen 30 Minuten genügten ihm, seine Mannschaft mit zwei Toren in Führung zu bringen. Millas Torgefährlichkeit begeisterte die Massen, doch in der steif anmutenden Betonskulptur ist diese überschäumende Vitalität allenfalls in der Erinnerung des kundigen Betrachters erhalten. Ihr abgeschlagener Arm – an dessen Armierungseisen seltsamerweise ein Taschentuch baumelt – weist zugleich auf das Bröckeln allen Ruhms und auf die Hinfälligkeit der *lions indomptables*, der unbezähmbaren Löwen, wie Millas Team genannt wurde. Die ramponierte Plastik verkörpert darüber hinaus ein Stück zeitgenössischer Volkskunst, das mit der Exotik afrikanischer Masken und deren kunstgewerblicher Vermarktbarkeit nichts zu schaffen hat und vielleicht auch aus diesem Grund still vor sich hin verrottet.

In ewig frischem Glanz strahlen dagegen die Prominenten-Porträts von Andy Warhol. Die Dargestellten erscheinen in plakativen Farben und übergroßen Formaten als Ikonen. Während er sich anfangs noch auf illustre Filmschauspielerinnen wie Marilyn Monroe und Liz Taylor konzentrierte, setzte er später auch weniger berühmte Persönlichkeiten aus Politik, Wirtschaft und Sport in Szene. Die Inflationierung des Heldenkultes trieb Warhol munter voran. Zwar ging er nicht so weit, Normalbürger zu verewigen und so sein Diktum vom Fünfzehn-Minuten-Ruhm künstlerisch zu beglaubigen, doch immerhin fertigte er zwei Porträts von Toni Schumacher an. Der Torwart war zwar in der europäischen Fußballwelt sehr populär, im *soccer*-resistenten Amerika jedoch dürfte er kaum bekannt gewesen sein. Warhol zeigt eine überraschende Seite des Startorhüters: nachdenklich und still schaut der den Betrachter an, sein Blick hat gar etwas Entrücktes. Ein untypisches Porträt eines Ausnahme-Keepers, der ohne Zweifel zu den skandalträchtigsten Figuren des deutschen Fußballs zählt.

Andy Warhol, Toni Schumacher, 1982

Der Europameister von 1980 erlangte zwei Jahre später traurige Berühmtheit, als er im WM-Halbfinale gegen Frankreich ein regelrechtes Massaker verübte; eine Berühmtheit, welche die Warholsche Viertelstunde auf mehrere Jahre, wenn nicht

Jahrzehnte ausdehnen sollte. Damals attackierte er in der 57. Minute den französischen Spieler Patrick Battiston so brutal, daß dieser bewußtlos liegenbleibt und sich minutenlang nicht rührt. Im Hospital die erschreckende Diagnose: Schwere Gehirnerschütterung, ein angebrochener Halswirbel, zwei herausgebrochene Schneidezähne. Als Schumacher davon erfährt, antwortet er: »Dann bezahle ich ihm eben die Jackettkronen.« Und weiter: »Menschlichkeit im Profisport kann keiner von mir verlangen.« Hingebungsvoll pflegte er das Bild vom häßlichen Deutschen. Und so war der Haß der französischen Anhänger auch nicht durch Schumachers Krankenhausbesuch bei Battiston zu besänftigen. Noch vier Jahre später bei der WM in Mexiko lassen sie eine Puppe an einem Strick von der Stadionbrüstung baumeln, und das zugehörige Transparent erklärt, wer gemeint ist. Darauf steht nur ein Wort: Schumacher.

Ob Andy Warhol wußte, welches *enfant terrible* er 1982 portätiert hatte, ist nicht sicher. Fest steht jedenfalls, daß sich viele bildende Künstler gerade für die schillernden Figuren des Fußballs interessieren. So schuf Paul Sutter zur Fußball-WM 1990 in Italien eine detailreiche Lindenholzskulptur von Paul Gascoigne. Der englische Skandalfußballer – der allzu oft mit Gewichts- und Alkoholproblemen zu kämpfen hatte – erstrahlt hier als wirklichkeitsnahe, penibel bemalte Miniatur. Sie erinnert an die gelackte Ästhetik von Barbie-Puppen wie auch an klasische Standbilder von historischen Persönlichkeiten. Auch dem Markenfetischismus der Pup-

Paul Sutter, Paul Gascoigne, 1990

penwelt wird gehuldigt: man sieht ebenso deutlich das Logo des Trikotherstellers wie das Nationalwappen.

Ziemlich abstrakt nimmt sich dagegen die Arbeit von Martin Kippenberger aus. Der Künstler huldigte einem deutschen Nationalspieler, der 1990 im WM-Finale gegen Argentinien zum alles entscheidenden Elfmeter anlief. Es war ein Moment, der für Fußball-Deutschland geschichtsträchtiger nicht sein konnte. Der Held hieß Andreas Brehme. Mit ausgeprägtem Gespür für die Dramaturgie schildert der Kicker die entscheidenden Augenblicke vor dem Schuß. In diesem stimmungsvollen Text umkreist er zuerst den Augenblick des Erwähltwerdens: »Ich war eigentlich nicht vorgesehen. Lothar Matthäus war in diesem Turnier unser Elfmeterschütze. So hatten wir auch das Viertelfinale gegen die Tschechen gewonnen. Ich schaute zu ihm hinüber. Doch Lothar hatte sich weggedreht, deutete an, daß er nicht schießen könne.« Und im erzählerischen Vorgriff: » Erst nach dem Spiel erfuhr ich, daß ihm ein Stück Stollen aus dem Schuh gebrochen war.« Es folgt ein innerer Monolog: »Ich wußte genau: Wenn ich treffe, sind wir Weltmeister. Und ich wußte, daß ich treffen würde. Nur nicht zu viel nachdenken, habe ich mir gesagt. Und dann schnappte ich die Pille und legte sie auf den ominösen Punkt.« Jetzt wird Brehme poetisch: »Es roch nach Gras und Kreide.« Und wieder die Beschwörung: »Wenn du jetzt triffst, ist Deutschland Weltmeister. Weltmeister!« Der Moment der Konfrontation rückt immer näher und er schaut entschlossen dem Hüter des Schicksals in das Auge: »Daß vor mir der sogenannte Elfmetertöter Goycochea stand, machte mir nichts aus.« Nun ist Brehme entschlossen, die Ausschmückung seiner Legende mit allen Mitteln voranzutreiben. Er erhöht den Gegner, dessen Größe und Popularität, und damit sich selbst. Dabei scheut er sich auch nicht, sein Herrschaftswissen über den Kontrahenten preiszugeben: »Auch die Tatsache, daß dieser Keeper auf Grund seiner Heldentaten und die damit verbundene Fanpost-Flut eine eigene Postleitzahl in Argentinien besaß, schüchterte mich nicht ein.« Schließlich der Show-down: » Fünf Schritte nahm ich Anlauf, ich wußte, daß ich in die von mir aus linke Ecke schießen würde. Er auch. Denn Goycochea, dieser Teufelskerl, hatte die Ecke erahnt, kam aber (...) zu spät. Mein Schuß war einfach zu präzise gewesen.« Im Epilog läßt es sich Brehme nicht nehmen, demütig den Herrn anzurufen: »Ich danke dem lieben Gott, daß ich durch den wichtigsten Elfer meines Lebens Deutschland zum Weltmeister machen durfte.«

Der Künstler Martin Kippenberger versucht nicht, diese unerhörte Dramatik in realistischer Manier nachzuerzählen. Ihn interessiert der Ewigkeitswert, das Überzeitliche, der Moment, der Geschichte wurde, und so heißt seine sechsteilige Serie *Das war Brehmes goldener Elfer*. Er verfremdet das Geschehen – und gibt uns Rätsel auf. Man sieht nicht, wie der Goldjunge den Elfer schießt. Statt dessen türmen sich mehrere Farbschichten übereinander, die von einer glänzenden Goldstruktur gekrönt werden. Sie mutet wie die unscharfe Reproduktion eines Zeitungsfotos an, denn unter dem goldfarbenen Raster steht die Bildunterschrift: »Das war Brehmes goldener Elfer.« Man fühlt sich einerseits an goldgrundige Altargemälde erinnert, die Brehmes Siegtor in den Rang des Sakralen erheben. Andererseits klingt das alttestamentarische Bilderverbot an: Du sollst dir kein Bildnis machen. So gleicht Brehme dem *deus absconditus*, dem verborgenen Gott. Mögen auch Zeichen, Wunder oder Unheil geschehen, der Urheber bleibt unsichtbar – und unbegreiflich.

Wie für alle Stars gilt auch für das Fußball-Idol in der bildenden Kunst: es steht nur für sich selbst. Auf einem hohen Sockel, über den Mühen der Ebene und dem Treiben der Normalsterblichen. Deshalb porträtieren die Künstler es losgelöst von seiner Mannschaft und dem eigentlichen Spiel. Fast nie sieht man es in Aktion. Denn es hat sich seinen Platz außerhalb des Spielfelds erobert. Sein Aufstieg führt vom Rasen in die VIP-Logen der Mediengesellschaft. Der Image-Transfer des karrierebewußten Franz Beckenbauer ist dafür ein Musterbeispiel. Er war hierzulande einer der ersten Fußballprofis, der sich in den sechziger Jahren in Bayreuth zeigte. Mit souveränem Lächeln und beachtlicher Kondition stand er Wagner-Opern durch, deren Länge problemlos ein Fußballspiel samt Verlängerung und Elfmeterschießen überschreitet und schon in den dreißiger Jahren einen Amerikaner nach absolviertem Konzertbesuch fragen ließ: »Ist Roosevelt noch Präsident?«

Wer wie Beckenbauer zur gesellschaftlichen Figur avanciert, wer in einem Atemzug mit Staatspräsidenten, Künstlern, Nobelpreisträgern, Industriellen und Models genannt und in den Nachrichten zur »Prominenz aus Politik, Wirtschaft, Kultur und Sport« gezählt wird, hat es geschafft. Wie bei den anderen *celebrities* eröffnet auch sein Bildnis eine unendliche Projektionsfläche. Es erinnert an Triumphe und Niederlagen, und es suggeriert den vielschichtigen Mythos dieser Persönlichkeit. Deshalb sieht man Toni Schumacher weder als jubelnden Europameister von 1980 noch als brutalen Rasen-Rowdy. Sein komplexes Fußballschaffen innerhalb und außerhalb des Stadions ist nicht auf ein Ereignis zu reduzieren. Seine Persönlichkeit sprengt das enge Gehäuse seines Kastens, deshalb stellt ihn Warhol jenseits der Torpfosten dar – und ohne Ball. Und doch scheinen Glanz und Elend, Aufstieg und Fall dieses ebenso hochproblematischen wie genialischen Spielers in dem verschlossenen Gesicht eingefangen. Ganz anders »Brehmes goldner Elfer« von Martin Kippenberger. Die Serie macht gerade deutlich, daß es der WM-Torschütze nicht geschafft hat, in den Rang einer Ikone aufzusteigen. Sein Ruhm rührt lediglich von einer historischen Einzelaktion her, und nur aus diesem Grunde rückt er in das Flutlicht der Geschichte.

Eine spielerische Demontage von legendären Fußballhelden inszenierte hingegen die Düsseldorfer Künstlerin Daniela Steinfeld. In ihrer Fotoserie *Born to be kings (Toni, Paul & Diego I)* näherte sie sich 1997 mit einem grotesken Kunstgriff Heroen wie Toni Schumacher, Paul Breitner und Diego Maradona. Sie schlüpfte in den Dreß von verschiedenen Profimannschaften und versuchte heldenhaft, soviel Fußbälle als möglich unter ihre Kleidung zu stecken. Die Bälle formten einen mächtigen Buckel, beulten Brust, Bauch oder Gesäß aus

Daniela Steinfeld, Born to be kings (Toni, Paul & Diego), 1997

und ließen einen monströsen Körper entstehen. Diese Mischung aus Slapstick und Oskar Schlemmers Triadischem Ballett gaben einerseits die Superstars der Lächerlichkeit preis, zum andern schuf sie eine ganz eigene Skulpturalität des weiblichen Körpers.

Daniela Steinfelds ironische Parodie macht nicht zuletzt deutlich, daß sie – wie auch die meisten zeitgenössischen Künstlerinnen – nicht so sehr vom Spiel selbst beeindruckt ist, als vielmehr von den Klischeebildern, aus denen der Fußball heute besteht. Für die wenigsten ist dieser Männersport ein zentrales Thema, sondern eher ein Exkurs in die bildpolitischen Bedeutungen von Fußball und Kunst.

Der letzte Mann und die letzten Fragen – Der Torwart und das Tor

Im Fußball und in der Kunst hat ein Mann einen besonderen Status. Die Rede ist vom Torwart. Er darf nicht nur Beine oder Kopf zum Spielen des Balles benutzen. Als einzigem ist es ihm vielmehr erlaubt, die Hände – der Inbegriff des Kulturwerkzeugs – zu gebrauchen. Sein Bewegungsverhalten ist zudem von einer ganz eigenen Motorik geprägt, er trägt eine eigene Montur und er hat einen eigenen Trainer. Der letzte Mann ist für die letzten Fragen zuständig. Etwa nach einem verlorenen Spiel, wenn er sich schmerzlichen Nachfragen stellen muß – wie Toni Schumacher beim WM-Finale 1986 in Mexiko, als er

Dieter Asmus, Torwart, 1970

bei einer harmlosen Flanke danebengriff und so maßgeblich die 2:3-Niederlage gegen Argentinien mitverschuldete.

Die Einsamkeit des Torstehers hat immer wieder die Künstler fasziniert. Doch niemand hat dafür eine solch mächtige Chiffre gefunden wie der Maler Dieter Asmus. 1970 – ein Jahr nach Erscheinen von Peter Handkes Erzählung *Die Angst des Tormanns beim Elfmeter* – schuf er ein eindrucksvolles Werk über den verzweifelten Kampf des Keepers. Ganz allein im leeren Bildraum liegt der Schlußmann am Boden. Er versucht, einen überlebensgroßen Ball mit der Hand abzuwehren. Seine Stirn ist vor Anstrengung und Angst genauso faltig wie sein Sweater. Und er scheint fast erschlagen zu werden von der großen roten Kugel. Nicht nur die Einsamkeit und Verzweiflung des namenlosen Torstehers beschäftigt die Maler: sie kreisen vielmehr auch um spektakuläre Einzelaktionen, und etliche Künstler beschäftigt der Augenblick, wenn Schlußmänner die Schwerkraft zu überwinden scheinen. *Parade* heißt etwa ein ungemein dynamisches Bild von Peter Nagel, bei dem ein Torhüter aus der Tiefe des Bildraums auf Ball und Betrachter zuhechtet; akrobatisch taucht er ab und streckt sich im freien Fall nach der Kugel; seine Geschmeidigkeit läßt an Sepp Maier denken, der nicht von ungefähr mit dem Ehrentitel »Die Katze von Antzing« bedacht wurde. Dabei vollführt er die atemberaubende Aktion völlig losgelöst von seinem Tor. Es fällt zunächst überhaupt nicht auf, daß auf dem Bild kein Gehäuse zu sehen ist, und das ist das Charakteristikum vieler Torwart-Gemälde: der fliegende Held läßt vergessen, daß er die meiste Zeit zwischen den Pfosten steht, wenn anderswo das Spiel tobt.

Das Fehlen des Kastens in Peter Nagels Arbeit thematisiert zugleich die geheime Sehnsucht eines Torwarts. Einmal Ausbrechen aus dem Gehäuse, das so oft zum Gefängnis wird, wenn vorne die Himmelstürmer zaubern, jubeln, sich feiern lassen. Einmal die Enge des Fünf-Meter-Raums hinter sich lassen, den Sechzehner, dann gar die Mittellinie überschreiten, den Gegner in Angst und Schrecken versetzen, und womöglich selbst ein Tor schießen. Das Bild ohne Tor deutet auf Exzentriker vom Schlage eines »Radi« Radenkovic hin, der sich in aufregende Abenteuer in der gegnerischen Hälfte stürzte. Es verweist aber auch auf die jüngste Fußballgeschichte, in der wohl keiner so sehr den stürmenden Keeper verkörperte wie Jose Luis Chilavert aus Paraguay. Bei der WM 2002 im Vorrundenspiel gegen Slowenien ließ er es sich schon in der 11. Minute nicht nehmen, zum Freistoß an die Mittellinie zu gehen; in der 80. Minute war er schließlich in seinem Zug zum Tor nicht mehr zu bremsen und setzte einen Freistoß an die Latte.

Das Kunstwerk vom aushäusigen Torwart läßt aber auch an Hans-Jörg Butt denken. Der war zwar bei weitem nicht so spektakulär wie der Südamerikaner, dafür aber um so effektiver in seinem Vorwärtsdrang. Als Deutscher mit gesunder Teilkasko-Mentaliät riskierte er nicht Kopf und Kragen wie der Theaterfußballer aus Paraguay, wenn er sein Tor verwaisen ließ. Butt liebte vielmehr jene lupenreine Win-Lose-Situation, wo endlich einmal die Handkesche Rede von der »Angst des Tormanns beim Elfmeter« mit der fußballerischen Wirklichkeit übereinzustimmen schien: denn nun stand der Schlußmann selbst am Elfmeterpunkt, und alle warteten gespannt, ob er die

Nerven besitzen würde, den Strafstoß im gegnerischen Gehäuse unterzubringen. Doch der Torwart schien jene vom Dichter beschworene Angst nicht zu kennen und verwandelte in der Saison 1999/2000 sage und schreibe neun Elfmeter. Er wurde zum erfolgreichsten Goalgetter des Hamburger SV – torgleich mit einem ghanesischen Stürmer-Star, der den englischen Vornamen Anthony trug und dessen Anhänger liebevoll die »Zeugen Yeboahs« genannt wurden. So wurde Butt zum unübertroffenen Torwart-Torjäger der deutschen Fußballgeschichte.

Der treffsichere Keeper liebte indessen das Understatement, auch in Modefragen. Hosen und Stutzen waren schwarz, sein Sweater von klassischem Gelb. Im Vergleich zu dem Tormann auf Peter Nagels Gemälde hielt er sich in textiler Hinsicht zurück, denn auf dem Bild mit dem Titel *Parade* sieht man eine Paradeuniform im Geist der Op Art. Hier ist das Hemd schwarz-weiß gestreift, die Stutzen sind geringelt, dazu die Schildmütze mit kontrastierendem Dreiecksmuster. Das Spiel der Geometrie erinnert an die Kluft der Galopprennreiter, und so wird aus dem Keeper ein Jockey der Lüfte.

Die Bekleidung des Torwarts unterscheidet sich auf deutliche Weise von der Uniformierung seiner Mitspieler. In den vergangenen Jahrzehnten aber ist seine Montur noch individueller geworden. Das ist kein Wunder. Denn auch außerhalb des Sports wurde der Kleidungskodex immer weniger restriktiv. Staatspräsidenten wie George W. Bush oder Thronfolger wie Prince Charles lassen sich auf offiziellen Fotos zuweilen in aller Hemdsärmeligkeit ablichten; die Strickjacke ersetzt – wie beim legendären Treffen von Kohl und Gorbatschow im Kaukasus – Jackett und Schlips; die einst so prächtigen Uniformen der Postboten wichen einem legeren Windjacken-Freizeitlook; Polizisten verzichten heutzutage bisweilen auf Dienstmütze und –jacke, statt dessen sieht man sie barhäuptig, im Sommer gar in grünen T-Shirts mit dem Rückenschriftzug »Polizei«. Die sagenhafte Karriere des amerikanischen Unterhemds – das Marlon Brando in *Endstation Sehnsucht* in den fünfziger Jahren salonfähig machte – zur Uniform verkörpert die Abkehr von rigiden Dreß-Code. Diese Entwicklung spiegelt sich auch in den Monturen der Torhüter. Sie können dunkelblau oder violett sein wie Oliver Kahns Habit bei der WM in Japan und Südkorea, himbeerrot wie das des Kollegen aus Kamerun, mausgrau wie beim belgischen, mineralgrün wie beim dänischen Schlußmann.

Früher, als die Honoratioren noch Zylinder trugen und der deutsche Außenminister noch wie ein Staatsmann aussah und eben nicht zuweilen wie ein modisch informierter Galerist – man denke an Joschka Fischer –, damals, im Jahre 1921, dominierte eine Farbe, wenn es um den Sweater des Schlußmanns ging: gelb. Auch Nürnbergs Idol Heiner Stuhlfauth lief in den zwanziger und dreißiger Jahren in einem schicken gelben Torwartpullover auf. Er galt damals als der weltweite Beste seines Fachs und hatte eine durchaus textilschonende Vorstellung von der Eleganz eines Torhüters. Sein Motto lautete: »A Guater wirft sich net.« Grasflecken beschmutzten nach seinem Verständnis auch die weiße Weste seiner Zunft. In diesem Sinne verfuhr er auch beim Sieg der deutschen Mannschaft gegen Italien im April 1929. Kurz vor Schluß tauchte der Stürmer Rivolta vor dem Tor auf und schoß in das äußere Eck. Die italienischen Fans jubelten schon, als »Stuhlfauth sein linkes Bein verlängerte, als wäre er ein Schlangenmensch, und zum Eckball abwehrte«, wie damals die Fußball-Woche schrieb. Mit dieser artistischen Einlage bewahrte der Nürnberger Nationalkeeper seinen gelben Sweater vor einer Verunreinigung.

Das Gelb war aber nicht nur ein optisches Unterscheidungsmerkmal für Mitspieler, Zuschauer und Schiedsrichter, um im Getümmel einer Strafraumszene den letzten Mann besser erkennen zu können. Es war auch ein Vorteil für den Torwart selbst. Denn wahrnehmungspsychologisch zieht das leuchtende Outfit den Blick magisch an. Der Schütze kann durch dieses Farbsignal dazu verleitet werden, dem Torhüter – vor allem in höchster Bedrängnis – den Ball in die Arme zu spielen. Andererseits besitzen kräftige Farben nicht nur eine starke Anziehungskraft. Sie können darüber hinaus eine intensive Reizbarkeit beim Gegenüber auslösen, wie schon die englischen Landadeligen wußten. Deshalb wählten sie für ihre Tweedstoffe die unscheinbarsten, undefinierbarsten Farben. Ihre einleuchtende Begründung: man wolle nicht das Vieh auf der Weide erschrecken.

Ein weiteres Erkennungsmerkmal des Torwarts ist seine Kopfbedeckung. Stilprägend wurde zunächst die Schirmmütze aus englischer Produktion, die auch der Keeper auf Marcel Gromaires Bild trägt. Die an die Gentleman-Ära erinnernde Kappe trugen nicht nur Stuhlfauth, sondern auch »El Divino«, der göttliche Ricardo Zamora, eine Legende in den zwanziger und dreißiger Jahren. Aber selbst anno 1966 im Endspiel gegen England konnte man noch erleben, wie der deutsche Keeper Hans Tilkowski mit der Schiebermütze spielte.

Kappe, Handschuhe, bunter Sweater – allein schon optisch erscheint der Torwart je nachdem als Gezeichneter oder Ausgezeichneter. Er ist ein besonderes Wesen. Mutig wirft er sich dem Angreifer entgegen wie auf C.O. Paeffgens *Fußball* von 1971, um ein Tor zu verhindern. So entpuppt sich der

C.O. Paeffgen, Fußball, 1971

Schlußmann als Verhinderer, als Mephisto, als der Geist, der stets verneint. Oliver Kahn hat 2002 diese positionsbedingte Sonderrolle beschrieben: »Ein gutes Spiel wird oft an vielen Toren gemessen. Da bin ich allergisch, für den Torhüter ist das immer Scheiße, als Torwart bist du grundsätzlich gegen den Begriff ›attraktives Spiel.‹ Da bin ich absolut der falsche Ansprechpartner. Wenn du schlecht spielst, der Gegner Torchancen noch und noch hat, und man macht zum Schluß völlig unverdient das 1:0 – das sind die schönsten Siege ... für den Torwart.«

Kahn entwickelte auf diese Art und Weise nicht nur eine eigene Ästhetik des Torhüters. Er stellte auch eine eigene Ethik des Schlußmannes auf – für sich und seine gegnerischen Kollegen. Seinen Ehrenkodex entwickelte er, als er über das WM-Spiel gegen Paraguay nachdachte. Im Vorfeld hatte der Deutsche unter enormen Druck gestanden. Sein Gegenpart, der besagte Torhüter Chilavert, hatte angekündigt, einen Freistoß in das Kahnsche Netz zu setzen. Mit enormen Geschichtsbewußtsein konstatierte der gebürtige Karlsruher: »Die ganze Welt hat ja nur darauf gewartet, daß der mir den Ball ins Tor reinschießt und wir das Spiel 0:1 verlieren. Ich hätte mich das ganze Leben mit dieser Geschichte auseinandersetzen müssen.« Kahn blieb diese Demütigung erspart. Dennoch skizziert er die Umrisse einer neuen, von gegenseitiger Kollegialität getragenen Berufsmoral. »Ich schätze Chilavert als Torwart sehr, er war der Beste bei der WM 98. Nur, ich würde meine Torhüterkollegen niemals so vorführen wollen. Das gebietet für mich der Sport, der hat für mich mit Respekt zu tun. Da vorzulaufen und meinem Kollegen einen Ball reinhauen zu wollen – nein, tut mir leid. Damit kann ich mich nicht identifizieren, den anderen abzuwerten, ihn zu erniedrigen.«

Vielleicht gründet Kahns fast fundamentalistisch wirkende Gesinnung auch in der extremen Verletzbarkeit des letzten Manns. Er soll zwar furchteinflößend und angstfrei sein, soll zuweilen auch austeilen können, wie das Toni Schumacher bei Battiston so brutal vorgeführt hatte – doch auch das schlimmste Torwart-Foul kann nicht darüber hinwegtäuschen, wie hoch sein eigenes Risiko ist.

Der Maler Peter Sorge hat das 1970 in seinem *Epitaph für einen Torwart* thematisiert. Seine Gedenktafel oder Grabschrift für den unbekannten Keeper folgt der kunsthistorischen Tradition des Triptychon. Wie bei einem klassischen Altarbild gibt es einen Mittelteil und zwei Seitenflügel. Statt der Kreuzigung Christi wird hier jedoch der Tod eines Tormanns suggeriert. In Andeutungen sieht man die bruchstückhafte Geschichte einer tragischen Verletzung. Auf dem linken Flügel schießt ein Spieler, im zentralen Mittelteil faustet der Torwart, eingekeilt zwischen zwei Spielern, den Ball weg. Auf dem rechten Flügel erkennt man nur noch, wie jemand auf einer Bahre weggetragen wird, umringt von einem ernst dreinblikkenden Sanitäter.

Mit filmischen Mitteln beschwört Peter Sorge den tödlichen Unfall eines Torhüters. Doch die Gefahr am Arbeitsplatz besteht nicht nur durch angreifende Spieler. Wenn Torhüter allein in ihrem Kasten stehen werden sie auch oftmals zur Zielscheibe von fanatischen Fans. In der Geschichte der Bundesliga ist es schon mehrfach vorgekommen, daß Dosen, aber auch Messer und Hämmer in Richtung Torwart geworfen wurden. Selbst ein Golfball kann zur gefährlichen Waffe werden, wie Oliver Kahn 2000 im Freiburger Dreisam-Stadion erleben mußte. Der Bayern-Torwart wurde so verheerend an der Schläfe getroffen, daß er zusammensackte und blutüberströmt am Boden lag. Doch Kahn rappelte sich auf, um die letzten Minuten zu Ende zu spielen. Der Grund: Seine Mannschaft führte 2:1, und ein möglicher Spielabbruch hätte unter Umständen eine Wiederholung des Matches bedeutet.

Der Torwart gehört ohne Zweifel zu den gefährdetsten Akteuren auf dem Platz. Und das nicht nur, wenn er mit dem Rücken zur gegnerischen Fankurve steht. Er muß sich angreifenden Stürmern entgegenwerfen, ihre Schüsse abwehren, die Stellung halten und nicht selten steht sein Gehäuse unter Dauerbeschuß. Nicht von ungefähr hatte deshalb der Romancier

George Orwell festgestellt: »Fußball ist Krieg – ohne die Waffen.« Der Künstler Wolfgang Petrick sah das allerdings anders und spielte mit der Vorstellung, daß Handfeuerwaffen durchaus auf dem Sportplatz zum Einsatz kommen können. Mit seinem Bild *Der beste Torhüter der Welt* schuf er einen surrealistisch anmutenden Pistolero, der bis an die Klauen bewaffnet seinen Kasten verteidigt. Die zombiehaft dreinblickende Kreatur hat die Beine gespreizt und die rechte Hand erhoben wie ein Revolverheld beim Duell. Zur Verteidigung seines Gehäuses ist er bestens ausgerüstet und zu allem bereit.

Der Kasten muß aber nicht nur eine Festung im Kugelhagel sein. Das Gehäuse kann auch ein Tor zur Welt sein. Keiner hat das intensiver erlebt, genossen und durchlitten als Lutz Pfannenstiel. In drei Kontinenten und neun Ländern spielte er, darunter in Malaysia, Großbritannien, Südafrika, Belgien, Finnland oder Malta. Doch sein halb ironisches, halb trauriges Fazit lautet: »Bei mir endet fast alles in einer Tragödie.« Seine außergewöhnliche Karriere begann er bei einem bayrischen Viertligisten und führte ihn dann in den Fernen Osten. In Singapur erringt er zum ersten Mal eine äußerst fragwürdige Prominenz, als er 1999 in einen Bestechungsskandal verwickelt wird und dreieinhalb Monate im Gefängnis sitzt. Nach einem Zwischenstop in Deutschland bricht er nach England auf, wo er es beim Fünftligisten Bradford Park Avenue zum zweiten Mal zu einer traurigen Berühmtheit bringt. Im Spiel gegen Harrogate wird er so schwer verletzt, daß das Spiel abgebrochen wird – eine Seltenheit im englischen Fußball. So zeigt das Fernsehen zur besten Sendezeit das brutale Stürmerfoul, das den Torwart fast sein Leben gekostet hätte. Todesnähe und Rettung, Intensivstation und Gefängnis: Der Torhüter Lutz Pfannenstiel erinnert an einen modernen Hiob, der grausam von Schicksal geschlagen wird, aber immer wieder aufsteht.

Bar jeder Tragik ist dagegen die Gouache von Sigmar Polke, die er 1985 angefertigt hat. Das Leder wird nämlich von dem ballrunden Hinterteil einer ansehnlichen Dame – es weist dasselbe Vielecksmuster auf wie der Ball – abgelenkt und landet im

Tor. Wie in einem Comic Strip verrenkt der Schlußmann den Kopf: der sexy Po hat ihm sprichwörtlich den Kopf verdreht. Der schlichte Humor erinnert an die Witzseiten von Lokalblättern, und genüßlich frönt Polke, einer der wichtigsten Künstler der Gegenwart, den Erbauungen des *trash*.

Die kalauerhafte Fantasie des Künstlers – den Ball unfreiwilligerweise per Hintern in die Maschen zu befördern – wurde etwa im Frühjahr 2003 von der Wirklichkeit eingeholt. Im Spitzenduell der italienischen Tabellenführer donnerte Pavel Nedved von Juventus Turin einen Freistoß in Richtung gegnerisches Tor, den Franceso Toldo, der Schlußmann von Inter Mailand, aus der Gefahrenzone herausfausten wollte. Statt dessen aber traf das Leder den Allerwertesten seines Clubkameraden Andres Guglielminpietro. Und von dessen Hinterteil prallte der Ball in den Kasten.

Das rektale Eigentor zeigt, wie gefährdet Torhüter sind. Sie laufen schnell Gefahr, sich lächerlich zu machen – oder verletzt zu werden. Ihre exponierte Stellung läßt sie gleichermaßen einen eigenen Sinn für Theatralik wie eine eigene Sicht auf die Welt vor ihrem Kasten entwickeln. Es sind vielfach Persönlichkeiten, welche den engen Maschen ihres Netzes und den Begrenzungen ihres Gehäuses entkommen wollen. Viele bildende Künstler tragen dem Rechnung. Sie zeigen Torhüter ohne Tor. Und eine eigentümliche Leere schwingt in diesen Bildern mit.

Der Belgier Wim Delvoye dagegen stellt ein Tor ohne Torwart dar und kreist um die metaphysische Dimension des leeren Kastens. Man mag zunächst an einen frühen Roman von Heinrich Böll, an *Haus ohne Hüter*, denken. Zugleich aber gemahnt Delvoyes heiliges Gehäuse an die christliche Gewißheit, daß der vermeintlich Abwesende immer anwesend ist. Der 1965 geborene Neo-Barock-Künstler hat ein rot-weiß gestreiftes Tor mit einem Netz aus Glasscheiben geschaffen. Man fühlt sich an die Fenster einer gotischen Kathedrale erinnert. Und tatsächlich sieht man *St. Stephanus I* – so der Titel der 1990 vollendeten Skulptur – in leuchtenden, mittelalterlich

Wim Delvoye, St. Stephanus I, 1990

scheinenden Glasfarben aus dem Kasten schimmern. Der Heilige verweist auf den »Hüter des Seins«, wie das Martin Heidegger formuliert hatte, und ist zugleich selbst Hüter des Tors. Er will offensichtlich das Geviert sauberhalten und wird gewissermaßen zum Schutzpatron der Torleute. Denn nur eine unbefleckte Bilanz eröffnet die Aussicht, in höhere Sphären aufzusteigen.

Doch das heilige Gehäuse steht nicht immer unter dem Schutz eines Engels oder eines Heiligen. Der Kasten selbst kann zittern und wackeln. Schlimmer noch: er kann zusammenbrechen. Der französische Künstler Jacques Julien hat dieses Horrorszenario für Fans und Spieler in einer eindrucksvollen Installation beschworen. 1998 präsentierte er in der Berliner Galerie Paula Boettcher – die sich in den vergangenen Jahren unter anderem durch zahlreiche Ausstellungen zum Thema Gegenwartskunst und Fußball profilierte – einstürzende Torgehäuse. Bei dem einem Kasten sind Querlatte und Aluminiumpfosten schon bedenklich deformiert, während das andere Tor völlig zerstört am Boden liegt. War der Dauerbeschuß der Fußballmannschaften dafür verantwortlich, haben

Fans gewütet, war es ein Erdbeben oder vielleicht ein Krieg? Der 1967 geborene Künstler schuf zwei spannungsreiche Skulpturen, denen er den rätselhaften Titel *Elephant's Cemetery* gab. So werden aus den Toren gleichsam Tiere aus weißem Stahl, die sich normalerweise auf Sportplätzen im weiter Entfernung gegenüberstehen. Jacques Julien läßt aber die toten Elefanten auf dem Fußballfeld der Ehre nahe zusammenrükken – die letzte Ruhe für zwei Tore, die gemeinsam in vielen Schlachten feindlichen Beschuß oder auch *friendly fire* erlebt haben und nun friedlich vereint sind.

Der totale Zusammenbruch des Fußballtores – wie ihn Jacques Julien in ästhetisch höchst reizvoller Weise vorführt – erinnert an legendäre Havarien in deutschen und spanischen Fußballstadien. Die erste ereignete sich am 3. März 1971 beim Bundesligaspiel zwischen Mönchengladbach und Werder Bremen. Die Gladbacher attackierten so ungestüm das gegnerische Tor, daß in der 87. Minute ein Holzpfosten entzweibrach. Verzweifelt versuchten die Gastgeber, den Kasten wieder aufzurichten, doch vergebens. Die Himmelsstürmer vom Bökelberg erhielten dazu noch eine Strafe von alttestamentarischer Grausamkeit. Das Sportgericht des Deutschen Fußball-Bunds wertete das Spiel mit 2:0 für die Norddeutschen. Als Konsequenz aus dem Zusammenbrechen des hölzernen Kastens wurden bald schon Tore aus Aluminium eingeführt. Doch auch deren Statik ist nicht über jeden Zweifel erhaben, wie man 1998 in Madrid erleben konnte.

Es mag sein, daß sich die im selben Jahr in Berlin gezeigte Installation von Jacques Julien von diesem historischen Ereignis inspirieren ließ. Im Bernabeu-Stadion kam es allerdings nicht kurz vor dem Spielende zum Super-Gau, sondern vor dem Match. 95000 Zuschauer fieberten dem Halbfinale zwischen Borussia Dortmund und Real Madrid entgegen. Doch drei Minuten vor Anpfiff kletterten spanische Fans direkt hinter dem Tor am Zaun hoch. Sie rüttelten und schüttelten, der Zaun wackelte, fiel zu Boden – und mit ihm das Tor. Der Grund: die Netze waren mit Seilen am Zaun vertäut. Und nun kam ein

76-minütiges Schauspiel auf die Bühne, das offensichtlich dem antiken Mythos des Sisyphos nacheiferte. Zuerst wird versucht, das umgestürzte Gehäuse zu reparieren und mit Holzkeilen standfest zu machen. Es hilft nichts, das Tor wird abtransportiert. Dann kommt ein neues Tor, das ein Lastwagen samt Polizei-Eskorte vom Übungsplatz der Madrider herankarrt. Aber das Trainingsmöbel ist zu groß und bleibt am Stadion-Eingang hängen. Erneuter Versuch. Unter den Augen der Weltöffentlichkeit dauert es eine geschlagene Stunde, bis das Tor endlich steht. Die Dortmunder sind zunächst sprachlos und ringen um Fassung ob des kabarettreifen Nervenkriegs. Dann handeln sie: noch auf dem Platz unterschreibt Kapitän Stefan Reuter einen Protestbrief der Borussen und verlangt eine Verschiebung des Spiels. Vergebens. Der Schiedsrichter pfeift an und das Schicksal spielt den Borussen einen bösen Streich, denn am Ende gewinnen die Madrilenen mit 2:0. Dasselbe Ergebnis wie nach dem Torpfostenbruch von Mönchengladbach. Nur sind dieses Mal die Gastgeber die Nutznießer des Desasters.

So gilt trotz allen technischen Fortschritts: Torgehäuse sind zerbrechliche Gebilde. Das trifft um so mehr zu, wenn sie auf Bolzplätzen notdürftig zusammengezimmert werden: aus primitivsten Materialien, ohne größere Rücksicht auf den rechten Winkel und die statische Festigkeit – und mit der Lust am Improvisieren. Der Fotografiesammler Utz Perlwein hat dazu eine großangelegte Recherche unternommen. Er ist von der fragilen Poesie von Fußballtoren fasziniert und hatte deshalb zwischen 1990 und 2002 Freunde gebeten, von ihren weltweiten Ausflügen Fotos von Fußballplätzen mitzubringen. Ob in Mali oder Rußland, Vietnam oder Kreta, Venezuela, Finnland, Togo oder Grönland – die knipsenden Tor-Jäger wurden selbst in den entlegensten Gegenden fündig. Heraus kam eine eindrucksvolle Sammlung von mehreren hundert Bildern, die von dem Berliner Kurator Peter Lang und dem Künstler Markus Wirthmann betreut wird. Die Kollektion macht die eigenartige Schönheit von Fußballtoren bewußt: sie sehen wie aus-

Sammlung Utz Perlwein, Ghana, 2001

drucksstarke Skulpturen aus, welche auch einen anderen Blick auf die Umgebung ermöglichen. So bilden zwei krumme Birkenholzpfosten samt Querlatte einen malerischen Rahmen für eine karge Wiese in der Ukraine. Oder ein weißer Kasten erstrahlt unter der Sonne Hawaiis: er erinnert an eine abstrakte Plastik auf makellosem Rasen, welche auf die dramatische Berglandschaft im Hintergrund hinweist.

Sammlung Utz Perlwein, Polen, 1998

So haben Fußballtore eine eigene Skulpturalität und schaffen neue Sichtachsen und Perspektiven. Darüber hinaus sagen sie auch einiges über die Mentalität der verschiedenen Kulturen aus. Afrikaner etwa leben ein Leben ohne Netz. Selbst wenn das Tor direkt am Meer steht, gibt es keine Maschen: wer punktet, muß eben baden gehen. In Polen dagegen – ein Schwerpunkt der Sammlung Perlwein – pflegt man die Kunst der Ballsicherung. Sind die Gehäuse auch noch so schief und wacklig, auf grobe Maschen möchte man nicht verzichten. Selbst zwischen die Füße eines mächtigen Hochspannungsmastes haben Fußballenthusiasten eine Torlatte eingeklemmt – samt dem obligatorischen, selbstgebastelten Netz. Ob in Afrika oder Europa – die abenteuerlichen Formen der Gehäuse, ihre verwegenen Konstruktionen und die ungewöhnlichen Standorte der Kästen machen einem eines bewußt: ohne Tor gibt es keinen Fußball.

Werbeträger, Fetisch, Gesamtkunstwerk – Das Trikot

»Wenn ich mit dem Adler auf der Brust auflaufe, muß mich das stark machen«, sagte einst Andreas Brehme. Der von Martin Kippenberger verewigte WM-Schütze beschwor einerseits die psychologische Macht der Staatssymbole. Zum andern verwies er auf einen heiligen Augenblick: den des Überstreifens des Nationaltrikots, das in fast jedem Memoirenband unserer Fußballhelden geschildert wird. Kein Zweifel, in der *civil religion* des Fußballs ist das Trikot so wichtig wie die Flagge eines Landes und verkörpert die Identität eines Staates oder eines Vereins. Selbst nach gröbstem Frevel – dem Verbrennen oder Zerstören des geliebten Objekts – behält es seine ehrfurchtgebietende Autorität, zugleich versprüht das Leibchen einen starken visuellen Reiz. Schon früh ließen sich Künstler von der modernen Ästhetik mit ihren grafischen Mustern und leuchtenden Farben faszinieren. Im Zeitalter der Gehröcke und Fräcke verhießen die bunten Sporthemden ein lustvolles Körperbewußtsein, darüber hinaus waren es Signale jugendlichen Aufbruchs in einer Gesellschaft, in der die Aura des Alters und der würdevoll gemessene Gang Ausweis von Macht und Prestige waren.

Heutzutage schätzen Künstler das komplexe Zeichensystem aus Vereinswappen, Sponsor-Logo, Emblem des Sportausrüsters, Rückennummer und Spielername. Das Trikot steht für das Patchwork der Identitäten: Fußballer sind nicht nur Mitglieder eines Vereins; sie können auch Angehörige eines Sportmarken-Kollektivs wie etwa der *nike family* oder Teil einer imaginären Konsumentengemeinschaft sein: so transportierten die Spieler von Juventus Turin mit dem japanischen Sponsor-Schriftzug auf ihrer Brust auch kollektive Kindheitserinnerungen, wie sie etwa in der Werbekampagne *My first Sony* suggeriert wurden; schließlich kann das Sporthemd auch die Zugehörigkeit des Spielers zu seinem Verein oder seinem Sponsor transzendieren und – wie im Falle von David Beckham – zum Markenzeichen seiner eigenen Marke werden.

Auf diese Weise ist das Trikot Werbeträger, Vereinsuniform, Fetisch, Design und Merchandisingprodukt in einem – mithin ein Gesamtkunstwerk. Zugleich eröffnet es die Möglichkeit, in eine andere Haut zu schlüpfen. Entweder in die kollektive Identität einer Elf: man trägt Brasiliens farbenfrohe Strandästhetik mit der hellblauen Hose, den Himmel über Copacabana suggerierend, und dem ewigen Sonnenschein verheißenden gelben Hemd. Oder man betreibt Mimikry und wird Zinedine Zidane, indem man sich dessen Nationaltrikot samt Namenszug und der mythenträchtigen Nummer 10 überstreift. Weltweit werden zehntausende solcher Jerseys in den Fanartikel-Läden verkauft, auf dem ganzen Globus sieht man die kleinen Wiedergänger des besagten Beckham durch die Straßen laufen. So entpuppt sich das Fußballhemd gewissermaßen als *das* Multiple, das in vielfacher Auflage hergestellte Kunstobjekt, der Gegenwart.

Im 19. Jahrhundert wurden die Trikots der englischen Fußballer aus dem Geist des Philosophen Proudhon geboren. »Le style c'est l' homme« – der Stil macht den Menschen aus, hatte der geschrieben. Deshalb sollten die Leibchen auch optisch Effekt machen. Vor allem grafische Muster waren damals en vogue: Streifen in allen Varianten prägten das Erscheinungsbild der Fußballer, und auch heute wirkt diese klare, ornamentlose Ästhetik noch ungemein modern, denkt man nur an die Zeichensprache von Zebrastreifen oder Kurvenschildern. Längsstreifen zierten ebenso die Shirts der »Footer«-Mannschaft der Harrow School (1871) wie die Hemden der schottischen Nationalelf. In der Gegenwartskunst wird diese Optik auf das schönste in dem schwarz-weißen Jersey von Peter Nagels Torwart reflektiert, im zeitgenössischen Fußball der vergangenen Spielzeiten z.B. in dem gelb-schwarzen Auswärtstrikot von Borussia Dortmund oder den blau-weißen Heimtrikots von 1860 München.

Im 19. Jahrhundert liebte man aber auch die Horizontale. Die Spieler des ältesten deutschen, noch heute existierenden Fußballclubs BFC Germania 1888 liefen ebenso in Querstreifen auf wie die Sportskameraden vom Meidericher SV, die heutzutage als MSV Duisburg immer noch Zebras heißen. Auch Henri Rousseau versah seine traumtänzerischen Kicker in seinem berühmten Bild *Les joueurs de Football* mit Querstreifen. Mit dem gleichen Muster traten die Fußballmannschaften auf dem Bild *Voetballers en scheidsrichter* (1913) von Bart van der Leck an. Dem Maler kam es offenbar besonders auf die grafische und formalästhetische Qualität dieser Hemden an. Um die eigentliche Funktion der Trikots, die Mannschaften optisch voneinander abzugrenzen, schien er sich nicht zu scheren. Denn wie sollte der abgebildete Unparteiische auch die Teams unterscheiden, wenn sie dieselben Muster trugen – nur mit der kleinen Differenz von orange-weiß und rot-weiß?

Klarer sind die Mannschaften bei Herbert Fiedlers *Voetballers* zu erkennen. Er läßt Querstreifen gegen Längsstreifen antreten und bewegt sich so auf die Gesetze der heutigen, fernsehgerechten Kleiderordnung zu, bei der man auf den ersten Blick imstande sein soll, Freund und Feind zweifelsfrei zu unterscheiden.

Riiko Sakkinen, Manchester, 2002

Ebenso deutlich muß heute die Sponsorenwerbung auf den Leibchen erkennbar sein. Denn damit wird schließlich Geld verdient. Die Trikotreklame hat der finnische Künstler Riiko Sakkinen zum Thema eines Zyklus gemacht. Er verwendete Jerseys von europäischen Spitzenclubs, wie sie in Fan-Shops verkauft werden. Mit kleinen Kunstgriffen verfremdet er die Leibchen und entweiht gleichsam die Reliquien der Anhänger. Ihre blasphemischen Glaubenskenntnisse, wie man sie auf Autoaufklebern lesen kann (»FC Bayern – Du sollst keine anderen Götter neben mir haben«) möchten zwar glauben machen, daß allein der Fußball und nicht etwa auch Sponsoren oder Fernsehrechtevermarkter regieren. Doch in Wahrheit erlauben es erst mächtige Geldgeber, das sportliche Portfolio mit kapitalintensiven Stars anzureichern und so eine Spitzenleistung zu erzielen.

Der Finne spielt mit den Machtverhältnissen im Profi-Fußball, wie etwa bei seinem Trikot von Bayern München. Scheinbar dokumentarisch legt er die wahren Hierarchien offen. So ist das Logo des Sponsors am größten, gefolgt vom Markenzeichen des Sportausrüsters. Am kleinsten ist das Vereinswappen.

Sakkinen hat indessen eine weiße, unscheinbare Borte unter dem Sponsoren-Schriftzug plaziert, die für nichts wirbt, keine *message* hat und auf diese Weise die Harmonie der ausgeklügelten Marketingstrategien stört. Beim Shirt des italienischen Erstligisten AC Parma fügt er den Sticker der »Mutter von Moomin« – einer Figur aus einem äußerst populären Kinderbuch in Finnland – bei und läßt die Infantilisierung der Massen durch das Showgeschäft Fußball anklingen. Noch absurder treibt er es mit dem Trikot von Manchester United. Hier schmuggelt er die Aufnäher von Ordnungshütern ein, die in den Stadien für Ruhe sorgen sollen: es ist das Abzeichen eines Hilfspolizisten, eines mittleren und eines höheren Polizeibeamten. Mit seinen Interventionen will der finnische Künstler die bunte Kommerzwelt des Fußballs unterlaufen. Anders als die Globalisierungskritikerin Naomi Klein verbreitet er jedoch nicht deren Botschaft von *No logo* nach ihrem gleichnamigen Weltbestseller, sondern vielmehr: »More logos«. Das einzelne Wort – auf griechisch: logos – verschwindet auf diese Art und Weise im medialen Rauschen der Markenzeichen.

Trikots ohne riesige Sponsoren-Schriftzüge sieht man heute nur noch bei Länderspielen. Denn seit mehr als drei Jahrzehnten ist in der Bundesrepublik die Unschuld des reklamefreien Leibchens vorbei. Der 24. März 1973 war das geschichtsträchtige Datum, an dem die Trikotwerbung Einzug in westdeutsche Fußballstadien hielt und die Spieler von Eintracht Braunschweig erstmals mit einem Logo auf der Brust aufliefen. Es war der Triumphzug einer folgenreichen Schnapsidee. Die Spirituosenfabrik Jägermeister hatte für eine halbe Million Mark das Recht erworben, die Hemden der Spieler als mobile Reklamefläche zu nutzen, wobei es übrigens zu einer symbolträchtigen Abrüstung kam, wenn man das Aggressionspotential des Wappentiers betrachtet: Der Braunschweiger Löwe, bis dato Vereinsemblem, wurde durch einen Hirsch ersetzt, allerdings einem kapitalen Zwölfender mit einem imposanten Kopf.

Die Widerstände gegen die erste große Verbrüderung von Werbung und Sport waren jedoch gewaltig gewesen. Das Regelwerk des Deutschen Fußball-Bunds verbot Trikotreklame, und so befahl der Verband seinen Schiedsrichtern, das Match nicht anzupfeifen, falls die Braunschweiger für den Verdauungsschnaps werben sollten. Der Club reagierte darauf mit einem simplen, aber erfolgreichen Trick, indem die Vereinssatzung geändert und der Hirsch anstatt des Löwen zum neuen Wappen deklariert wurde. Ende 1973 war es schließlich allen Vereinen erlaubt, auf ihren Trikots zu werben. »Keine Macht den Drogen« – jenes Motto, das in den neunziger Jahren zuweilen das Trikot der deutschen Nationalelf bei Freundschaftsspielen schmückte – war allerdings in weiter Ferne. Neben dem hochprozentigen Magenbitter der Braunschweiger warb der Hamburger Sportverein für das nicht über jeden Kopfwehverdacht erhabene Mixgetränk Campari. Die Bundesliga-Stadien schienen in der Pionierzeit der Trikotwerbung zum verlängerten Tresen der Alkoholindustrie zu werden.

Trotz immer effizienterer Ausnutzung der Vermarktungskette ist das Trikot nicht nur Litfaßsäule und Werbeträger. Es ist immer noch magisches Objekt, das die Spieler nach dem Spiel tauschen. Allein, das altehrwürdige Ritual ist im Zeitalter der totalen Fernsehvermarktung nicht frei von gravierenden geschäftlichen Risiken. Dann nämlich, wenn sich nach einem Europacupspiel – wie tatsächlich geschehen – die strahlenden Sieger in den gegnerischen Trikots den Fotografen und Kameramännern stellen und somit zum Werbeträger der Verlierer mutieren. Sponsoren müßten diesen Brauch eigentlich verbieten, der sie im entscheidenden Moment in das kommerzielle Abseits führt.

Unproblematischer ist dagegen, wenn Spieler nach dem Match das schweißnasse Hemd dorthin werfen, wo ihnen noch größerer Respekt als bei ihren Gegenspielern entgegenschlägt: in die Fan-Kurve. Das triefende Leibchen wird dort zu einer Reliquie, die durchaus Assoziationen an das Schweißtuch Jesu weckt. Und es eröffnet einen magischen Rollenwechsel. Wenn man es anzieht, wird man selbst ein Star. Der Kult um das transpirationsgesättigte Hemd von Superstars treibt immer extremere Blüten. Als David Beckham anno 2003 auf PR-Tournee in Asien war, standesgemäß in Luxusherbergen abstieg und wie jede *very important person* in hoteleigenen Pyjamas schlief, schlugen clevere Geschäftemacher zu: sie holten seinen gebrauchten Schlafanzug aus der Wäschetonne und versteigerten ihn am nächsten Tag zu horrenden Preisen.

Wer aber nicht das Geld oder das Glück hat, den Pyjama von Beckham oder gar sein schweißnasses Trikot zu erhaschen, kann im Fanartikel-Shop das Hemd des Idols seiner Wahl kaufen. Zuhause vor dem Spiegel kann dann ein symbolträchtiger Schritt vollzogen werden. Die »Einkleidung« als ein Akt der Initiation, der an jenen katholischen Ritus erinnert, wenn aus Novizinnen Nonnen werden und sie nach ihrer Probezeit endlich in das Habit ihrer fortgeschrittenen Glaubenschwestern schlüpfen dürfen. Auch in den Fußballstadien sind diese religiösen Wurzeln lebendig. In Spanien, aber auch »Auf Schalke« gibt es Kapellen, wo man für das kommende Match um göttliche Mithilfe bitten kann. Ein weiterer heiliger Ort ist die Umkleidekabine, welche durchaus in Beziehung zu einer Sakristei gesetzt werden kann: als Vorzimmer eines sakralen Raums, den die Menschen durch eine Tür oder einen Gang betreten, um sich dort auf die kultische Handlung – das Feiern einer Messe, das Zelebrieren eines Champions-League-Matches – vorzubereiten.

Den mythenumwobenen Raum einer Umkleidekabine hat 1997 der Schweizer Künstler Stefan Banz in der Berliner Galerie Paula Boettcher installiert. Der schwarz-grün gestrichene Ausstellungsraum mit Sitzbänken und Kleiderhaken reflektierte jenen Ort des Übergangs, wo beschworen, gepredigt, meditiert wird; ein Ort, an dem in der Halbzeitpause die Hitze des Feldes hereinschwappt und die Trikots dampfen.

Hitzfeld nannte Banz diese raumgreifende Installation, die des weiteren aus Fußballtrikots, Farbfotografien, einem dokumentarischen Fußballvideo und einer Pinnwand mit Aufnahmen von Spielen und Spielern bestand. Für den Künstler Banz ist Ottmar Hitzfeld das Synonym für fußballerischen Erfolg.

In den siebziger Jahren ein bekannter Stürmer in der Schweiz, profilierte er sich in den Neunzigern als einer der großen Erfolgstrainer in Europa. »Hitzfeld«, so Banz, »ist deshalb auch gleichbedeutend mit Kalkül, taktischem Geschick und Abgeklärtheit, meint aber ebenso alle mit Kunst und Fußball verbundenen Emotionen.« Den universalen Katalysator »Hitzfeld« hat der Künstler in einer ästhetisierten Umkleidekabine verortet, wo man in andere Kleider, eine andere Rolle schlüpft und wo aus dem Einzelwesen das sichtbare Mitglied eines Kollektivs wird.

Jenen magischen Moment des Trikotüberstreifens hat Roddy Buchanan auf eine andere Art und Weise inszeniert. Er ließ Amateure in Trikots berühmter europäischer Clubs schlüpfen. Seine 1995 entstandenen Porträts mit dem Titel *Work in Progress* zeigen sie in der landläufigen Kamerapose von strahlenden Superstars. So kann jeder für einen Augenblick zur Fußball-Ikone werden. Der holländische Künstler Eric Wie schlüpfte hingegen bei seiner Performance *Der Kampf war hart, aber siegreich* in das Trikot des legendären italienischen Torhüters Dino Zoff. Es ist der taubenblaugraue Sweater, mit dem Zoff 1982 Weltmeister wurde.

Eric Wie postierte sich vor einer riesigen Reklametafel von der Größe eines Tores, worauf ein Zitat aus Peter Handkes *Die*

Eric Wie, La battaglia è stata dura, ma vittoriosa, 1998

Angst des Tormanns beim Elfmeter angebracht worden war. Mit dem Rücken zum Text – der die Psychologie der Torhüter-Schütze-Konstellation beschrieb – wollte Wie seinen von ihm selbst beschworenen Mythos der Unschlagbarkeit beweisen. Die Einwohner des holländischen Ortes Kampen hatte er per Flugblatt und Zeitungsannonce zu dem Kampf aller gegen einen mobilisiert. 97 Schüsse wurden am 16. Juli 1998 – zwei Tage nach Ausscheiden der Niederländer gegen Brasilien bei der WM in Frankreich – in Richtung Künstler abgegeben. Doch nur fünfmal mußte er sich geschlagen geben. Damit wurden nicht nur die Torwartqualitäten des Künstlers eindrucksvoll bezeugt, sondern auch jene von Dino Zoff.

Den Sweater des italienischen Schlußmanns kann man heutzutage ebenso wie andere historische Trikots bestellen, etwa die blauen Hemden der legendären DDR-Elf von 1974 mit dem Hammer-und-Sichel-Emblem. Diese Nostalgie-Leibchen sind nicht gerade billig, aber sie haben einen Vorteil: sie veralten nicht mehr. Möchte der Fan jedoch das jeweils aktuelle Outfit seines Vereins haben, muß er mittlerweile jedes Jahr ein neues Trikot kaufen. Will er überdies auch in fremden Stadien eine gute Figur machen, kommt er in der Regel nicht um eine weitere kostspielige Investition herum und muß neben dem Heim- auch das Auswärtstrikot seiner Lieblingsmannschaft erwerben. Die Clubs wollen sich diese Einnahmequelle nicht entgehen lassen. Deshalb präsentieren sie sich zu jeder Saison in neuem Gewand: einem für zuhause, einem für auswärts.

»Home and away shirts« heißen diese Leibchen im Fanartikelkatalog des Deutschen Fußball-Bunds. DFB-Präsident Gerhard Mayer-Vorfelder wurde deshalb vom Verein Deutsche Sprache zum »Sprachpanscher des Jahres 2003« ernannt. Die Begründung: »Imponier-Anglizismen wie ›home and away shirts‹, ›reversible tops‹ und ›signature shirts‹ sind schlichtweg überflüssig. Uns gefällt die Vermanschung der deutschen Sprache mit der englischen zu Denglisch nicht.«

Bei dem Gesamtkunstwerk Trikot spielen – wie auch Roddy Buchanan und Eric Wie vorführen – Club-Wappen, Sponsor-

Schriftzug und das Emblem des Sportausrüsters eine wichtige Rolle. Noch bedeutendere Zeichen für die Zuschauer aber waren einst die Rückennummern. Sah man die Zahlen, dachte man unmittelbar an die Position des Spielers oder gar an einen bestimmten Star. Wiederum Eric Wie spielt mit diesen Wahrnehmungsmustern und überträgt sie vom Stadion auf das Museum. Seine Botschaft lautet: Selbst als Zuschauer kannst du in der Kunst ein Star sein. Aus diesem Grund hatte er in der Rotterdamer Kunsthalle einen Stand eingerichtet, wo die Besucher ein Torwart-Trikot mit der Rückennummer 1 bekommen konnten. Seine Begründung für die Kennzeichnung als Schlußmann: »Als Torwart kannst du ein Held sein, selbst wenn das Spiel 0:0 ausgeht. Als Stürmer mußt du dich dafür schämen.« Außerdem veranlaßte Wie, daß auf die Jerseys, wie bei richtigen Stars, der jeweilige Name des Museumsgängers aufgedruckt wurde. Allerdings wurde jeder Name mit der prestigesteigernden Vorsilbe »van« versehen, wie sie der Fußballer van Basten, aber auch der Künstler van Gogh oder der Architekt Henry van der Velde trugen: »Ich habe immer die Idee gehabt, daß berühmte Namen immer mit der Vorsilbe ›van‹ verbunden sind.« Mit diesem textilen Adelsschlag versehen wurden die Besucher Teil seiner Kunstaktion *Everybody can be famous for the rest of their lives*, die nicht weniger beabsichtigte, als Andy Warhols Viertelstundenruhm auf lebenslänglich auszudehnen.

Eric Wie zeigt nun »van Krimpen« und »van Jansen« im Museum – in stiller Betrachtung von Kunstwerken. So wird der Voyeur zum Akteur, der Zuschauer zum Mitspieler. Da alle die Nummer eins tragen, stellen sich auch rezeptionsästhetische Fragen: sind sie Torhüter, welche die anstürmenden Eindrücke der Kunstwerke abwehren müssen? Sollen sie – metaphorisch gesprochen – nicht nur ihren Kasten, sondern auch ihren Gehirnskasten von unliebsamen Invasoren freihalten? Ist das Gemälde und dessen Sinnesreiz die Entsprechung zum Ball, der ebenso unberechenbare Reize, Emotionen und Reaktionen auslöst?

In der Historie der Fußballtrikots wurde die Rückennummer vergleichsweise spät, lange nach dem Vereinswappen, im Kriegsjahr 1939 eingeführt. Die Geschichte der Rückennummern ist höchst aufschlußreich: sie spiegelt die Entwicklung moderner Industriegesellschaften wider. Einerseits reflektiert sie die Auflösung traditioneller Arbeitsstrukturen im Zeitalter strategischer Innovationen; andererseits deutet die Zahl auf dem Trikot auf die veränderte Rekrutierungspraxis von Spitzenspielern; darüber hinaus kündet sie von der zunehmenden Kommerzialisierung des Fußballs; nicht zuletzt ist sie ein Indiz für jene »Neue Unübersichtlichkeit«, die Jürgen Habermas 1985 für das postmoderne Zeitalter diagnostiziert hatte.

Doch zurück zum Anfang. Die Rückennummer war zunächst als Orientierung für Mannschaft und Schiedsrichter gedacht und half festzustellen, ob sich alle Spieler eines Teams auf dem Platz befanden. Jede Nummer verkörperte also eine Position: die Eins bezeichnete den Torwart, die Elf den Linksaußen. Im klassischen System bildeten sich im Laufe der Geschichte kultträchtige Nummern heraus. Die bundesdeutsche EM-Elf von 1972 ist auch in dieser Hinsicht legendär. Die Zwei des rechten Verteidigers gehörte eindeutig Berti Vogts, während Paul Breitner die Drei des linken Verteidigers trug. Die Fünf des Liberos konnte kein anderer als Franz Beckenbauer für sich beanspruchen, während Gerd Müller die Neun des Mittelstürmers zum Schreckenszeichen für gegnerische Abwehrspieler machte und Mittelfeldregisseur Günter Netzer die Zehn – wie vor ihm Pelé – mit magischer Bedeutung auflud. Die klassische Numerierung von eins bis elf befestigte die Herbergersche Ideologie des »Elf-Freunde-müßt-ihr-sein«. Die Ziffer auf dem Leibchen stand für eine exakte Arbeitsplatzbeschreibung. Das änderte sich, als die Zählweise von 1 bis 22 erweitert wurde. Es war die Konsequenz aus dem neuen Procedere für die Weltmeisterschaft. Jedes Land durfte 22 Spieler für sein Aufgebot nominieren, und jeder Spieler behielt dann für das gesamte Turnier seine Rückennummer. Mit dieser Regelung begann die Unübersichtlichkeit auf dem Fußballplatz. Die Nummern verloren ihre klar umrissene Bedeutung. Nun konnte man nicht mehr wissen, welche Position sich hinter einer Allerweltszahl wie der 17 verbarg. Aber auch in der Bundesliga erfolgte ein gravierender Bedeutungsverlust. Hier bekommt jeder Spieler bei Vereinseintritt seine Zahl und trägt sie dann bis zum Vertragsende auf dem Rücken. So kommt es, daß – bei den mittlerweile äußerst opulenten Kadern der Profi-Clubs – die Nummern noch weniger über die Position, fast nichts mehr über den Rang eines Spielers aussagen und immer höher werden. So trug etwa in der Saison 2002/2003 beim FC Bayern der einst für teures Geld eingekaufte Santa Cruz die 23, während die Nationalspieler Linke und Deisler mit 24 und 25 folgten.

Trotz aller Veränderungen ist die Zahlenmagie der Rückennummern immer noch wirksam. So registrierten Fans und Medien im März 2003 sehr genau, daß Weltfußballer Ronaldo mit der Rückennummer 11 in der 11. Minute sein 11. Tor für Madrid schoß. Doch damit nicht genug. Er legte noch zwei Treffer nach und schaffte seinen ersten Hattrick im Real-Trikot.

Eine völlig neue Qualität erreichte die Zahlenmystik im Juli 2003. Mehr als fünf Hundertschaften Journalisten und rund zwei Milliarden Fernsehzuschauer erlebten einen beispiellosen Initiationsritus. Es war die öffentliche Einkleidung von Real Madrids neuem Superstar David Beckham. Er bekam sein Trikot mit der Rückennummer 23 überreicht, die ausdrücklich auf die Rückennummer des amerikanischen Basketballspielers Michael Jordan verweisen soll. Damit entstand erstmals ein disziplinen- und kontinentübergreifendes Universum der Weltsportler. Nicht Fußballgrößen wie di Stefano, Netzer oder Maradona sind das alleinige Bezugssystem, sondern die Internationale der Werbeträger. Diese neue Symbolik untermalte Beckham sogar noch mit einer scheinbar spontanen Geste der Nächstenliebe, welche die symbolische Macht des Heiligen Sankt Martin – der seinen Mantel teilte, um ihn einem frierenden Bettler zu schenken – zu toppen schien. Als der Brite nämlich einen Ball für die Fotografen jonglierte, stürmte plötzlich ein weinender kleiner Junge, bekleidet nur mit kurzer Hose ohne Hemd, auf den Fußballer zu. Die Sicherheitsleute wollten einschreiten, aber Beckham beschwichtigte sie, schloß den Kleinen lange in die Arme und streifte ihm das neue Beckham-Produkt mit der Nummer 23 über. Die Botschaft war eine jesuanische: Lasset die Kindlein zu mir kommen. So erweiterte die Ikone der Sport- und Popkultur sein Image um die marketingfördernde Dimension der Barmherzigkeit. Saint David, der Meister der Gesten und der Bilder, ließ spielerisch sein eigentliches Metier vergessen: das Fußballspielen. Das drückte sich auch in nackten Zahlen aus. Sein Einkaufspreis war mit 35 Millionen Euro äußerst moderat, bedenkt man, daß die erwarteten Einnahmen aus dem Trikotverkauf des Engländers knapp das Fünffache betragen sollen. Die Aura des »Popballers«, wie »El País« ihn bezeichnete, schien den Sport so sehr zur Nebensache zu degradieren, daß sich Real Madrids Präsident bei der Trikotübergabe zu einer schlichten Feststellung genötigt sah: »Daß niemand sich täusche: David Beckham ist vor allem ein großer Fußballer.«

Auf diesen Prozeß kann man nur noch ironisch reagieren, wie etwa die Alternativkicker von »Juventus senile«. Die senile Jugend hat jedem Spieler die Zahl seines Geburtsjahrgangs aufs Trikot gedruckt und gleich siebenmal die Rückennummer 57 verteilt.

Der unaufhaltsame Niedergang der Rückennummer machte es bereits in den späten achtziger Jahren notwendig, die bessere Erkennbarkeit der einzelnen Spieler auf dem Platz mit neuen Maßnahmen zu unterstützen. Deshalb begann man, die Namen der Spieler in großen Buchstaben auf den Rücken zu schreiben.

Stefan Banz – ohne Zweifel einer der rührigsten Gegenwartskünstler in Sachen Fußball – hat sich von den Namensschriftzügen auf den Trikots zu einem originellen Kunstprojekt inspirieren lassen. Er stattete 1997 die E-Juniorenmannschaft des FC Luzern mit eigenen Hemden aus. Doch statt mit Sponsorenwerbung und den echten Namen der Spieler versah er die Leibchen mit den Namen bedeutender Künstler des 19. und 20.

Jahrhunderts und einem ihrer Meisterwerke. Das Spiel wurde gleichsam zu einem Schaulaufen der Kunsthistorie: »Bruce Nauman *Bouncing Balls*« stand auf einem Trikot oder »Edouard Manet *Le déjeuner sur l'herbe*«. Es entstand ein bewegliches, imaginäres Museum. Dadurch konnten sich Situationen entwickeln, welche tote Maler und Gegenwartskünstler dramatisch in Beziehung setzten. Ein möglicher Spielzug könnte wie folgt aussehen: Das verstorbene Malergenie Francis Bacon macht einen Abschlag von seinem Tor, der deutsche Documenta-Teilnehmer von 1997, Carsten Höller, nimmt den Ball elegant an und schlägt ihn in die Tiefe des Raums, wo unvermittelt Marcel Duchamps – der Vater aller Konzeptkunst – auftaucht und die Kugel völlig unbedrängt im Kasten unterbringt. So entsteht auf dem Feld eine sich ständig verändernde Ausstellung von imaginierten Kunstwerken – welche die unkundigen Zuschauer nicht stören muß, die Eingeweihten aber durchaus entzücken kann. Stefan Banz bringt die Kunst aus dem Wolkenkuckucksheim des Museums auf den Rasen des Sportplatzes. Zugleich schmuggelt er auf seinen Trikots klangvolle Namen von Künstlern ein, die ihrerseits wieder an die Künstlernamen berühmter brasilianischer Fußballer erinnern wie etwa an den von Ronaldo oder Pelé.

Berühmte Spielernamen, die ein schnödes Merchandising-Trikot zum Kultobjekt erheben, lassen die Kassen der Vereine klingeln. Zugleich macht der neue Star, dessen Schriftzug das Hemd schmückt, Werbung für den Sportausrüster.

Und da geht es mittlerweile um einen globalen Kampf zweier Antipoden, welche die Welt endgültig erobern wollen. Bei der WM 2002 schien der blaue Planet fast paritätisch aufgeteilt zu sein – in neun Adidas-Mannschaften und acht Nike-Teams.

Die Fußballverbände des jeweiligen Landes bestimmen in der Regel, mit welcher Ausrüstung ihre Nationalteams antreten. Es ist ein Poker um Geld und Einfluß, bei dem neben den Verbandsfunktionären auch Vereins- oder Spielermanager hinter den Kulissen mitmischen wollen. Mittlerweile beschäftigen solche Themen aber auch, wie in Brasilien, die hohe Politik.

So gab es in dem südamerikanischen Land nach dem verlorenen WM-Finale von 1998 in Paris – das auch ein Endspiel zwischen den Dreistreifen-Franzosen und den Nike-Brasilianern war – einen parlamentarischen Untersuchungsausschuß. Das Gremium sollte sich der Frage annehmen, ob der US-Konzern dem brasilianischen Fußball Schaden zufüge. Es kursierten Gerüchte, daß Superstar Ronaldo beim Endspiel nur deshalb dabei war, weil er von Nike dazu gedrängt worden sei. Stunden zuvor war er nämlich mit Krämpfen in ein Hospital gebracht worden – und spielte im Finale weit unter seinem üblichen Niveau. Ronaldo hatte von der amerikanischen Firma stolze 55 Millionen Dollar für einen Zehn-Jahres-Vertrag bekommen, und die gesamte Werbeoffensive war allein auf ihn zugeschnitten. Exnationalspieler Tostao lehnte sich nach der WM 1998 weit aus dem Fenster: »Es gibt nicht nur Befürchtungen, sondern offizielle Daten, daß der brasilianische Fußball unter dem Kommando von Nike steht«, stellte er ungerührt fest. Doch auch vier Jahre später in Japan und Südkorea war Ronaldo wieder eine zentrale Figur der Nike-Strategen. Dieses Mal agierte er ganz im Sinne seiner Vertragspartner. Er staubte zum entscheidenden Tor gegen Deutschland ab – die auf mindestens zehn Jahre angelegten Investitionen des Sportkonzerns hatten sich gelohnt.

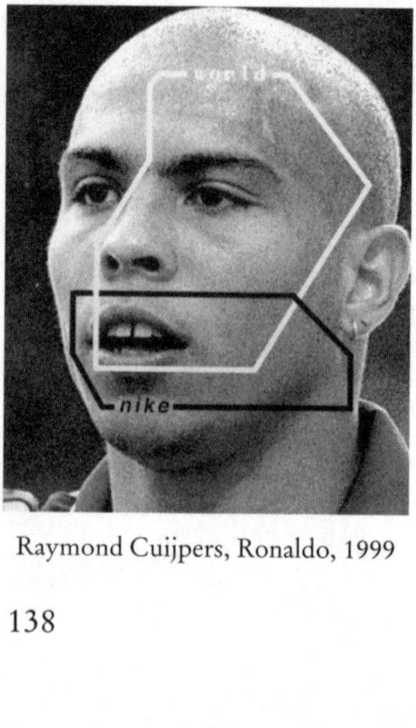

Raymond Cuijpers, Ronaldo, 1999

Die lukrative und von dunklen Geheimnissen umwitterte Liaison von Ronaldo und Nike thematisierte 1999 der niederländische Künstler Raymond Cuijpers. Der Ex-Profifußballer nahm eine Porträtfotografie von Ronaldo im brasilianischen Nationaltrikot zum Ausgangspunkt. Der Künstler versah indessen das Pressefoto mit zwei grafischen Mustern.

Zum einen sieht man die Linien eines gelben Vielecks, das sich von Ronaldos Mund, Nase bis zu dessen linkem Auge und Teilen der Stirn erstreckt. Es ist mit »World« überschrieben. Zum anderen gibt es eine rechtecksähnliche Form, die ausschließlich seine Mundpartie einrahmt und mit »Nike« gekennzeichnet ist. Das zwei mal drei Meter große Digitalprint *Ronaldo* eröffnet eine ebenso große Fläche für mögliche Interpretationen: Darf der Superstar nur sagen, was »Nike« genehm ist, ist sein Mund identisch mit der Marke geworden, während Nase, Augen, Stirn – die Sinnesorgane des Riechens, Sehens und die Region des Denkens – die »Welt« wahrnehmen und sich nicht fremdbestimmen lassen?

Das Fußballtrikot steht aber nicht nur für die Machtstrukturen im Zeitalter des globalen Sportmarketings. Und es ist nicht nur Werbeträger für Nike oder Adidas. Seit den neunziger Jahren wurde es auch zur modischen Ikone. Ob in der Schule oder in Galerien – die Leibchen wurden salonfähig. Der Auslöser war die Wiederentdeckung der europäischen Fußballmode der siebziger Jahre. Adidas-Trainingsjacken mit den charakteristischen Streifen, wie sie die Nationalkicker anno 74 getragen hatten, erlebten ebenso ihr Revival im Kontext der jugendlichen Subkultur wie T-Shirts von Puma. Es ist womöglich nicht übertrieben zu sagen, daß mit der Fußball-Kluft im Retro-Design zum ersten Mal die Sportmode des alten Europa den Life-Style der Neuen Welt beeinflußte – ausgenommen vielleicht die Tennishemden eines René Lacoste, die lange zuvor den Sprung von den Tennis-Courts in schicke Restaurants schafften.

Fußballkleidung als Ausdruck der Jugendkultur zeigt auch der Künstler Oliver Sieber mit seiner Fotoserie *11 Freundinnen*. Er hat die Mitglieder einer Mädchenfußballmannschaft porträtiert, von denen etliche auch jenseits des Sportplatzes Markenklamotten tragen: so zeigt sich eine im weißen Puma-T-Shirt, während die andere einen grünen Adidas-Kapuzenpullover anhat. Unterschwellig lassen sie so auch die alte Rivalität der Gebrüder Dassler aufleben, die sich zerstritten und im fränkischen Herzogenaurach zwei Firmen von Weltruf gründeten: Adi Dassler rief Adidas ins Leben, während Rudolf nicht etwa den Kunstnamen »Rudas« erfand, sondern das wild und gefährlich klingende Puma.

Trikots sind Lifestyle-Ikonen, Design-Objekte und Marketing-Instrumente. Doch daneben erfüllen sie noch immer einen ganz altmodischen Zweck. Sie verleihen der Identität eines Vereins Ausdruck. Der Schweizer Künstler Ian Anüll zeigte in abstrahierter Form die Trikots aller Schweizer Clubs, die 1985 Spieler in die Nationalmannschaft entsandten. Die Trikots in den charakteristischen Farben und Mustern des jeweiligen Clubs sind gleichsam Chiffren der Zugehörigkeit. Wie ein Personalausweis geben sie Auskunft über die Herkunft der Spieler. Zugleich sind die Gemälde auch Symbole der Macht: welcher Verein hat die meisten Trikots in der Ausstellung, wer hat die meisten Spieler für die Nationalelf gestellt?

Der Kampf der Clubs zeigt sich aber auch bei der Meisterschaft. Und eine der prickelndsten Konkurrenzkonstellationen ist ohne Zweifel das Lokalderby.

Auf eine höchst dekorative Art und Weise beschäftigte sich Silke Wagner mit örtlichen Widersachern. Dabei stand deren Clubwappen im Mittelpunkt ihrer Arbeit. Für ihre Posterserie *home and away* hat sie Vereine ausgesucht, deren Rivalität eine besondere politische Sprengkraft birgt. Zum Beispiel die zwischen Celtic Glasgow und Glasgow Rangers. Diese schottischen Traditionsclubs sind wegen ihres unterschiedlichen Glaubens miteinander verfeindet: Celtic ist katholisch, die Rangers protestantisch. Die Künstlerin näherte sich diesem Konflikt mit einer verführerischen Grafik. Sie nahm Kleeblätter aus dem Celtic-Emblem, verwendete aber die Vereinsfarben der Rangers. Die friedliche Vereinigung der beiden Gegner spiegelt sich auch in dem rätselhaften Untertitel wider: *Porträt eines Katholiken (Maurice Johnston) und eines Protestanten (Jimmy Johnstone)*. Jimmy war der erste Protestant, der für den katholischen Club spielte, während Maurice als erster Katholik beim evangelischen Konkurrenten unter Vertrag war.

Mit dem selben künstlerischen Verfahren verschmolz sie die Clubs von Galatasaray und Fenerbahce Istanbul. Beide Vereine repräsentieren verschiedene Welten: der eine ist auf der europäischen, der andere auf der asiatischen Seite des Bosporus. Zugleich ist es die Konfrontation zwischen Elite- und Arbeiterclub. Doch im Emblem von Silke Wagner vermischen sich die gelben Kanarienvögel von Fenerbahce mit dem großen G des Widersachers. Mit den Mitteln des Grafik-Design thematisiert die Künstlerin die sozialen Konflikte zwischen rivalisierenden Fußballvereinen. Sie zeigt die Oberflächen von Clubwappen, die auf den Trikots der Spieler prangen. Dabei verweist sie auf die tief verwurzelten Ressentiments, deren historische Ursachen vielleicht schon vergessen sind, aber immer noch die Gegenwart bestimmen. Und schafft hoch ästhetische Gebilde, die das Auge locken.

Das Lokalderby zweier Leipziger Vereine zu DDR-Zeiten behandelten Bernd Sikora und Jutta Hellgrewe im Jahre 1988. Als Bildträger wählten sie jedoch keine Poster, sondern zwei Hausgiebel in Leipzig. Es ging um die Rivalität von »Chemie« und »Lokomotive«. Anders als Silke Wagner führten sie jedoch keine künstlerische Zwangsvereinigung der beiden Rivalen herbei. Sie stellten beide Clubs vielmehr als unversöhnliche Feinde gegenüber, und zwar in zwei allegorischen Giebelbildern von *Hund* und *Katze*. Auf dem letzteren sieht man eine überlebensgroße Katze, der ein Fußball zu Füßen liegt. Sanft faucht sie den Betrachter an und beschwört spielerisch eine Konkurrenz, die sich in Wirklichkeit jedoch in brutalen Schlägereien und kruden Verbalattacken entlädt. Die Wandbilder sind immer noch aktuell. Mittlerweile heißen die Vereine zwar FC Sachsen und VfB Leipzig, doch die alte Feindschaft hat die Wende überlebt. So kann man im dritten Jahrtausend ein Graffiti besichtigen, das offensichtlich ein Chemie-Fan an eine Mauer an der Autobahn zwischen Leipzig und Dresden geschmiert hat: »Welche Hure, welcher Bock, schuf den 1.FC Lok?«

Die wundersamen Wege des Balls – Spiel, Regel und Interaktion

Das Haus des Fußballs hat viele Räume. Phantasievoll besetzen bildende Künstler die verschiedenen Zimmer und nähern sich mythenträchtigen Objekten wie Trikot, Ball und Tor. Oder sie beschäftigen sich mit Fußballidolen und der schillernden Figur des Torwarts. Meist sind es Standbilder, aus denen alle Bewegung verbannt scheint. Oder es handelt sich um Arbeiten, die einen einzelnen Moment einfrieren.

Allein, die bestürzende Komplexität eines Matches, das Hin- und Herwogen des Spiels, die taktischen Formationen und deren anarchische Auflösung, die Ordnung des Spielaufbaus und das Chaos, wenn es hinten im Strafraum lichterloh brennt – all das gerät in den Kunstwerken nur selten in den Blick. Die strukturelle Kompliziertheit scheint der tiefen Sehnsucht nach einer überschaubaren Ordnung der Dinge zu widersprechen. Schon Jean-Paul Sartre hatte dieses Dilemma formuliert: »Fußball wird durch die Anwesenheit einer gegnerischen Mannschaft erst kompliziert.« Darüber hinaus hat sich seit dem Aufkommen der Fernsehberichterstattung ein vermeintlich geeigneteres Reportagemedium als die Kunst etabliert, welches Dynamik und Langeweile, vor allem aber: das Fließen der Zeit darstellen kann.

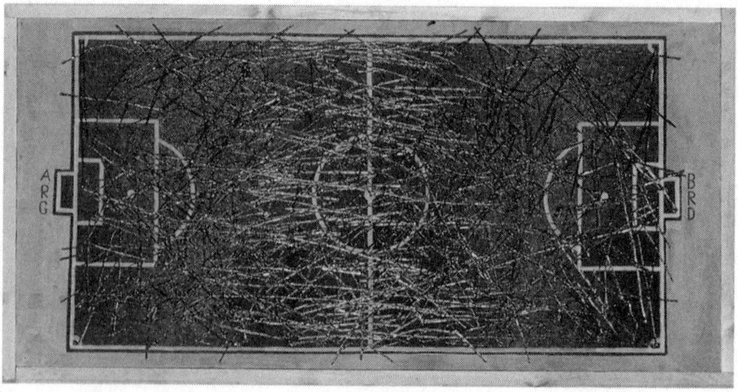

Susken Rosenthal, Argentinien–BRD (Diptychon), 1987

Dennoch gibt es zahlreiche Künstler, die sich mit dem ästhetischen Reiz des Spiels und auch seiner Systematik beschäftigen. Die Künstlerin Susken Rosenthal hat 1987 ein Länderspiel zwischen der Bundesrepublik und Argentinien mit einem Videorecorder aufgenommen. Dann zeichnete sie auf großen Bitumenflächen die Wege nach, die der Ball in jeder Halbzeit zurückgelegt hatte. Es entstanden zwei Diagramme, welche ein dichtes Gewirr von Linien und Strichen aufweisen. Folgt man diesem stilisierten Spielprotokoll, müssen die Deutschen in der ersten Halbzeit das Tor der Argentinier – meist durch die Mitte – bestürmt haben, während sich das Match in der zweiten Spielhälfte auf einen unproduktiven Schlagabtausch im Mittelfeld beschränkte. Doch zugleich sind es Seismogramme, die den Fußball als abstraktes Spiel der Kräfte und gewissermaßen als strukturalistisches Modell zeigen, welches dem vermeintlich planlosen Hin und Her den sinnstiftenden Schein der Systematik verleiht. Luftiger, übersichtlicher und konkreter ist dagegen die Skizze von Bundestrainer Berti Vogts aus dem EM-Jahr 1996. Mit sicherem Strich und etlichen Pfeilen hält er die Spielzüge im Angriff fest. Von Scholl und Häßler gehen offensichtlich die offensiven Impulse aus, die Kuntz und »Klinsi« in Szene setzen. Auf dem Feld der eigenen Hälfte hat der Trainer dick umrahmte Warnungen notiert: »konterstark« und »Achtung Standards«.

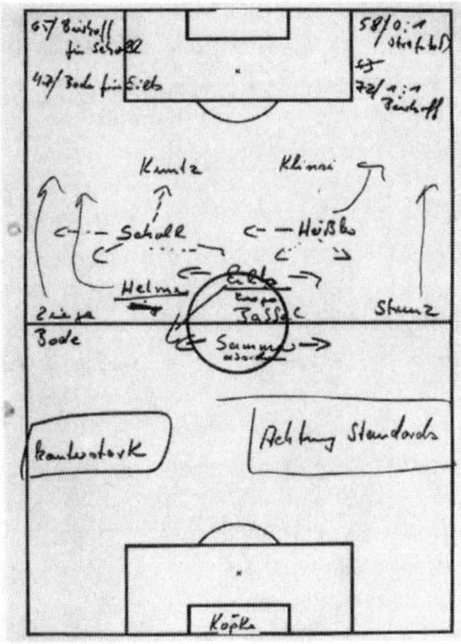

Berti Vogts, Ohne Titel, 1996

Ebenso schnörkellos und zweckmäßig ist die Technik des kleinformatigen Werks (29,7 mal 21 Zentimeter): Filzstift auf Papier. Auch hieran erkennt man den Künstler: unzweifelhaft ein echter Vogts.

Mit einem anderen Verfahren wollte dagegen der Objektemacher und Grafiker Peter Moosmann die wundersamen Wege des Balls sichtbar machen. 1978 stellte der Künstler gemeinsam mit dem Ballkünstler Günter Netzer ein kollektives Kunstwerk her: *Das Ergebnisbild: Fußball*. Sein Verfahren war ebenso einfach wie im sprichwörtlichen Sinne eindrücklich: er tränkte eine Mullbinde mit Farbe, legte ein weiße Binde darüber und stopfte beide Teile – zwischen Blase und Leder – in einen Fußball. Dann trat Netzer in Aktion und traktierte das Leder kunstgerecht mit Füßen und Kopf. Diese Berührungen pressten die Spuren der Mullbinde auf die weiße Binde, und der Künstler präsentierte die Abdrücke schließlich im Siebdruckverfahren als »Ergebnisbild«. Noch abstrakter als bei Susken Rosenthal nehmen sich diese Visualisierungen des Ballspiels aus – und gerade das macht sie so faszinierend.

Ein Ergebnisbild der monumentalen Art schuf dagegen die 1970 geborene Künstlerin Wiebke Grösch. Sie präsentierte im Heidelberger Bahnhof ein 8 mal 16 Meter großes Wandbild. Ursprünglich hatte sie vorgesehen, daß Spieler des bekanntesten Heidelberger Fußballvereins die Bahnhofsstirnwand mit dreckverschmierten Fußbällen beschießen. Im Geiste des sportiven Action Painting sollte der Ball als Pinsel dienen, in der Weise von Jackson Pollocks Tröpfelbildern sollte dem Prinzip von Kalkül und Zufall gehuldigt werden. Die Stationsleitung intervenierte jedoch, weil sie sowohl Behinderungen des Personenverkehrs als auch Sachbeschädigungen befürchtete, und aus diesem Grund mußte die Herstellung des Wandbilds in das Atelier verlegt werden. Die Arbeit *Ohne Titel (Fußballabdrücke auf Holz)* wurde später in der Bahnhofshalle montiert und war von Oktober 1999 bis März 2000 zu sehen.

Daß die Heidelberger Bahnhofsvorsteher gegen den Beschuß ihres Hauses mit schmutzigen Fußbällen einschritten, ist nicht verwunderlich. Der Abdruck einer dreckigen Kugel auf einem blütenweißen Untergrund kann tiefgreifende psychische Folgen haben, wie sie der Münchner Schriftsteller und Verleger Michael Krüger in seiner 2002 erschienenen Novelle *Das falsche Haus* beschrieb. Der Protagonist, ein Zeitungsredakteur aus München, jongliert auf der Straße mit einem Fußball, doch er hat Pech und das Leder klatscht ihm auf die Brust: »Der Ball hatte einen wunderbar deutlichen Abdruck auf meinem weißen Hemd hinterlassen. Der Abend wird anders verlaufen als gedacht, war mein erster Gedanke, als ich, verlegen und sicher alles andere als souverän, damit begann, die Schmutzränder von meinem Hemd zu klopfen, was die an sich lächerliche Situation noch grotesker aussehen ließ. Denn der Ball war offenbar nicht nur durch die Gischt eines Rasensprengers geflogen, sondern unter dem Auto auch mit Schmieröl in Verbindung getreten, das sich nun in kräftigen Schlieren über der Hemdbrust und dem Jackett verteilte. Eigentümlich, wie schnell sich die Welt verändern kann, wenn man sie herausfordert.« Das Malheur mit dem schmutzigen Ball setzt indessen eine mysteriöse Verkettung in Gang, die den Helden völlig aus der Bahn wirft und ihn mit bizarren menschlichen Abgründen konfrontiert.

Jeder Schuß mit einem Ball ist potentiell gefährlich und kann auch als Ausdruck von unterschwelligen oder offenen Aggressionen gedeutet werden. Der Ball mag Hemden beschmutzen, Scheiben zerstören oder körperliche und seelische Verletzungen zufügen. Er kann auch auf geheiligte Institutionen zielen. Die Künstlerin Maria Marshall zeigte 2002 im Pariser Museum Palais de Tokyo einen Film mit dem hintersinnigen Titel *Playground*. Man sieht einen Jungen mit nacktem Oberköper, wie er wieder und wieder einen Ball gegen die Mauer einer schönen weißen Kirche kickt. Die Farben leuchten, die Szene hat etwas Bilderbuchhaftes. Doch mit einem Mal spürt man, wie aus dem unschuldigen Spiel ein Akt der Aggression wird. Die Wut des Jungen scheint sich grundlos zu steigern, mit Ingrimm donnert er die Kugel gegen das steingewordene Symbol des christlichen Abendlands. Die Verzweiflung des Pubertierenden entlädt sich in ungestümen Schüssen, über deren eigentliches Ziel – sind es Eltern, Lehrer, Geschwister, Freunde oder die tödliche Langeweile während eines Nachmittags in der Provinz? – man nur spekulieren kann.

Mit den Mitteln von Protokoll (Rosenthal) und Aktionskunst (Moosmann, Grösch) untersuchen die Künstler die Dynamik des Spiels. Sie wollen mit unterschiedlichen Methoden das Auf und Ab eines Matches und die ästhetischen wie physikalischen Gesetze des Ballspiels sichtbar machen. Auf höchst einfallsreiche Art und Weise hinterfragen sie damit, ob man die Aktion auf dem Fußballplatz im Medium der Kunst darstellen kann. Die psychologische Dimension des Fußballs untersuchte zum Beispiel Josef Dabernig in seinem 1996 produzierten Schwarz-Weiß-Film *Wisla*. Das Spielgeschehen spiegelt sich hier in den trostlosen Mienen zweier Trainer, die in stummer Fassungslosigkeit ein offensichtlich höchst deprimierendes Match durchleiden und tatenlos zusehen müssen, wie ihre Mannschaft untergeht. Die Kamera verweilt ausschließlich bei den Betreuern, deren starrer Blick das unsichtbare Hin- und Hergeschiebe reflektiert: es sind Bilder der stillen Verzweiflung.

Der Fußball ist aber nicht nur ein Geschehen, das von Stillstand und Langeweile oder andererseits von Bewegung und Dynamik geprägt wird. Ebenso wichtig sind die Regeln, welche erst jenes Phänomen hervorbringen, was wir gemeinhin Fußball nennen. Viele Künstler interessieren sich dabei für das Wechselspiel von Gesetz und Tabubruch.

Gregor Russ etwa haben die geometrischen Linien eines Fußballfelds zu zahlreichen Variationen inspiriert. Auf dem grünen Grund des Rasens spielt er mit den Grundformen des Platzes. Mal ersetzt er die Tore durch zwei Anstoßkreise, mal verteilt er die Elfmeterpunkte in vierfacher Ausgabe auf dem Feld, oder er umstellt den Platz mit sage und schreibe vier Sechzehnmeterräumen samt Tor. Es ist erstaunlich, wie man trotz dieser drastischen Veränderungen niemals vergißt, daß es sich um einen Fußballplatz handelt, wenn die grundlegenden Parameter – grüne Fläche, weiße Linien, Punkte und Kreise – beibehalten werden.

Während Gregor Russ gewissermaßen am grünen Tisch die Linien auf dem grünen Rasen variierte und das Reglement mutwillig veränderte, schritten die Kicker bei der »Deutschen Alternativen Fußballmeisterschaft« 2002 zur Tat. Als politisch informierte Zeitgenossen erklärten sie den Mittelkreis zeitweise zur »Überflugverbotszone für den Ball«, um das langweilige Spiel durch die Mitte zu vermeiden. Ohne mit der Wimper zu zucken trugen Schlachtenbummler ihre Bänke rund um den Anstoßpunkt. Das Ergebnis war paradox. Einerseits wurde das immer wieder von Trainern und Experten geforderte Spiel über die Flügel in ungeahnter Wiese beflügelt. Zum andern verletzte man den eisernen Grundsatz allen modernen Offensivfußballs, den Ball unbedingt flachzuhalten.

Franck Scurti, Colors (Videostills), 2000

Ebenfalls aus dem echten Leben stammt dagegen ein vermeintlich harmloser Eingriff, der 1999 einen ganz normalen Sportplatz in eine farbige Schlammwüste verwandelte. Allerdings ging es um das dem Fußball verwandte, wenngleich um einiges härtere Rugby. Beim Spiel Irland gegen Frankreich hatten zwei Firmen ihre Logos auf den Rasen malen lassen. Doch weil es überraschenderweise regnete, wurde die Farbe der Werbebilder rasch flüssig und blieb an Haut und

Bekleidung der Spieler kleben, wenn sie auf einer der Werbeflächen zu Fall kamen. Der Traum der Sponsoren, daß die Logos sprichwörtlich auf die Spieler abfärben, wurde zum Albtraum, als etwa der irische Spieler Keith Wood mit einem riesigen blauen Fleck auf Kopf und Stirn zombiehaft in die Kameras schaute – ein im wahrsten Sinne des Wortes Gezeichneter der Marketingstrategen. Der französische Künstler Franck Scurti verwendete 2000 diese Fernsehbilder für seine Videoinstallation *Colors*, die ein farbenprächtiges Happening zwischen unfreiwilligem Body-Painting und mißglückten Public Relations festhält.

Während Scurti mit dokumentarischem Material das Verhältnis von Spiel und Sponsoring befragte, inszenierte Ingeborg Lüscher 2001 in ihrem Videofilm *Fusion* einen Tabubruch der anderen Art. Man könnte dazu den marxistischen Philosophen Antonio Gramsci herbeizitieren, der nüchtern konstatierte: »Fußball ist ein Abbild der individualistischen Gesellschaft. Initiative, Wettbewerb und Konflikt sind gefragt.« Auf ebenso einfache wie originelle Weise untersuchte Ingeborg Lü-

Ingeborg Lüscher, Fusion (Videostill), 1999-2001

scher dieses Gesetz und verletzte zunächst einmal die Kleiderordnung. Statt mit landläufigen Trikots stattete sie die bekanntesten Schweizer Fußballmannschaften – Grasshoppers Zürich und FC St. Gallen – mit edlen Trussardi-Anzügen aus und ließ sie gegeneinander antreten. Mit diesem einfachen Verfremdungseffekt setzt sie aber einen komplexen Prozeß in Gang.

Einerseits erinnert sie an die Anfänge des Gentlemen-Sports im England des 19. Jahrhunderts, wie der Ästhetikprofessor und selbsternannte »Schaudenker« Bazon Brock in einem geistreichen Essay ausführte. Das gehobene Bürgertum Britanniens propagierte damals die Regeln des Fair-Play: sei ein guter Verlierer, begehe keine Fouls. Dieser Sittenkodex entstand in einer Zeit, als die heftigsten Auseinandersetzungen tobten: Arbeiter kämpften für soziale und politische Rechte, während sich die Unternehmer erbittert wehrten, ihre Privilegien aufgeben zu müssen. Im Kampf zwischen der »herrschenden und der angeherrschten Klasse«, wie Volker Braun einmal diesen Antagonismus beschrieb, wurde ein künstlicher Sozialcharakter etabliert: der Sportsmann. Mit ihm sollten alle Klassenunterschiede aufgehoben werden. Diese Harmoniesucht wurde bei den olympischen Spielen noch gesteigert: Beim Spiel gehe es nur ums Dabeisein und keineswegs ums Gewinnen.

Eine solche Verklärung des menschlichen Charakters und der gesellschaftlichen Wirklichkeit machte den Sport zu einer wirksamen symbolischen Instanz. Er repräsentiert die Versöhnung zwischen Unternehmern und Unternommenen; er verheißt in der kapitalistischen Welt, die von Konkurrenzdenken und Neid geprägt ist, die Chancengleichheit aller Mitspieler. Ingeborg Lüschers Film setzt sich mit dieser symbolischen Ebene auseinander. Die Spieler in feinem Tuch erscheinen als Manager, die mit allen Mitteln (Trikotzerren, Festhalten, Foulen) im Fußballstadion gegeneinander kämpfen. Bazon Brock deutet das Tricksen und Täuschen – wie man es jeden Samstag in der Bundesliga erleben kann – als

Metapher für unsere Gesellschaft. Für ihn ist klar, daß besonders die Eliten um jeden Preis erfolgreich sein wollen und deshalb immer wieder versuchen, die lästigen Regeln des Fair-Play auszuhebeln. Und wer es schafft, beim Mogeln nicht erwischt zu werden, gehört zur crème de la crème: »Die Besten im Sport, in der Wirtschaft, in der Kultur sind diejenigen, die ihre Intelligenz zum Regelbruch nutzen und zur Täuschung von Urteilsinstanzen, also zur Vermeidung von Strafen.« Die Täuschung wiederum gelinge am besten durch Uniformierung, also im Ununterscheidbarwerden gegenüber den Konkurrenten. Deshalb tragen Ingeborg Lüschers Fußballprofis den edlen Einheitslook der Topmanager. Zugleich signalisierten sie damit auch das Einverständnis mit den Normen der herrschenden Elite, für die allein der Erfolg und nicht die Moral zählt: »Es ist das Zeichen deiner Fähigkeit, die Regeln zu brechen und das Zeichen deines Prestiges, dabei nicht erwischt zu werden.« Ohne erhobenen Zeigefinger und mit ausgeprägter Lust am Spiel zeigt Ingeborg Lüscher einen Film, der als ironische Allegorie auf den globalen Konkurrenzkampf gedeutet werden kann.

Bei Lüscher bleiben, trotz der Designeranzüge, die Regeln des Fußballspiels intakt. Zwei Teams treten gegeneinander an. Der 1965 in Israel geborene Künstler Uri Tzaig verstößt jedoch gegen ein zentrales Prinzip der traditionellen Disziplin und bringt zwei Fußbälle ins Spiel. Sein Video – das auch 1997 bei der Documenta gezeigt wurde – heißt *The Universal Square*. Man sieht zwei Teams, wie sie verwirrt nach den beiden Kugeln jagen. Die Ökonomie der Aufmerksamkeit bei Akteuren und Zuschauern ist perdu, von einem geordneten Spielaufbau kann nicht mehr die Rede sein, die gewohnte Zeichensprache greift nicht mehr, kurzum: man kann das Match nicht mehr lesen.

Regel und Tabu, Gesetz und Verstoß – spielerisch befragen die Künstler ästhetische und soziale Normen. Mit originellen Methoden untersuchen sie, was passiert, wenn traditionelle Übereinkünfte gebrochen und die Parameter für scheinbar vertraute Leibesübungen verändert werden. Bei all diesen Kunstwerken bleibt jedoch der Betrachter außen vor. Er ist lediglich Voyeur und kann aus der sicheren Warte des Zuschauers das ungewohnte Treiben verfolgen. Nur wenige Künstler fordern die Rezipienten zur Mitarbeit heraus, obschon heutzutage das Schlagwort von der Interaktivität in aller Munde ist. Olaf Nicolai greift auf ein traditionelles Mitmach-Spiel zurück, das seine Popularität in der ZDF-Fernsehsendung *Das aktuelle Sportstudio* erlangte. Seit etlichen Jahrzehnten müssen dort Stars und prominente Gäste auf eine Torwand schießen und den Ball in einem der kleinen ausgeschnittenen Löcher versenken. Dreimal dürfen sie die Aussparung unten rechts anvisieren, dann gibt es drei Versuche für das linke obere Loch. Olaf Nicolai hat indessen drei Torwände mit pinkfarbenen Tarnmustern angestrichen und sie mit einem kryptischen Titel versehen: *Camouflage/Torwand 1-3 (Croy, Kleff, Maier)* heißt die Arbeit von 2001. Hinter diesen Namen verbergen sich die führenden deutschen Tormänner der siebziger Jahre: Jürgen Croy hütete das Tor der DDR-Auswahl, während Sepp Maier für die BRD zwischen den Pfosten stand, gefolgt von seinem ewigen Ersatzmann Wolfgang Kleff. Indem Nicolai die getarnten Tore mit drei Ausnahmetorhütern zusammenbringt, personalisiert, mystifiziert, politisiert er den Schuß auf die Torwand. Der Museumsbesucher kann auswählen, welchen Startorhüter aus welcher Hemisphäre – Ost oder West, Sozialismus oder Kapitalismus – er überlisten will. Zugleich wechselt der Künstler die Perspektive auf das Spiel. Nicht mehr der Schütze steht im Vordergrund des Interesses, der den Ball geschickt in eines der Löcher zaubern muß, sondern der Schlußmann. Er tarnt das Tor mit poppigen Farben, um seinen Kasten sauberzuhalten. Der imaginäre Keeper wurde indessen in der Geschichte des aktuellen Sportstudios noch niemals auf ganzer Linie geschlagen. Niemand hat bislang alle Sechse verwandelt, und selbst ein Ballkünstler wie Günter Netzer brachte es nur auf fünf Treffer, gemeinsam mit Günter Herrmann oder Reinhold Saftig. Die sonst so lückenlose Sportstatistik ist in diesem Punkt allerdings bemerkenswert ungenau: Es ist unklar, ob drei unten und zwei oben oder zwei unten und drei oben.

Die zeitgenössische Kunst mag in ihrer Auseinandersetzung mit dem Fußball die Gesetze und Tabus unserer vielfältigen Gesellschaftsspiele reflektieren: wer bestimmt die Regeln, wer darf sie brechen; wer darf mitspielen, wer muß zuschauen, wer wird ins Abseits gestellt. Des weiteren mag sie den Sport auf unterschiedlichste Art und Weise deuten: ob strukturalistisch, psychologisch, medienästhetisch und feministisch, ob ökonomisch oder stilistisch, soziologisch oder ideologiekritisch. Die vielfältigen Lesarten der unterschiedlichsten Künstler und vor allem auch Künstlerinnen seit Anfang der neunziger Jahre belegen eindrucksvoll, wie sehr sich der Fußball vom männlichen Volkssport zum prägenden Bestandteil unserer Alltagskultur entwickelt hat und gewissermaßen in den Rang einer großen Volksoper und –religion erhoben wurde. Kein Zweifel: der lange Zeit verachtete Fußball ist unserer Gesellschaft im wahrsten Sinne zu Kopfe gestiegen. Doch auch die Kunst vermag immer nur einzelne Facetten des großen Ganzen zu beleuchten. Letztlich kann sie den Ball nicht unter Kontrolle bringen, bleibt er doch so unfaßbar wie die menschliche Existenz: »Die Kugelform des Fußballs ist gerade zu einem Symbol des unberechenbaren Zufalls geworden. (....) Wie alles, was rund ist, ist auch der Fußball ein Sinnbild für das Ungewisse, für das Glück und die Zukunft. Und da die Ungewißheit zum Begriff des Spiels gehört, ist der Fußball, wie alles, was rund ist, zum Spiel geschaffen.«

Peter Handke formulierte tiefe Einsichten in das Wesen des *homo ludens* und des Fußballs. Denn wie das Sportgerät beschaffen ist, so geht es auch fraglos im Leben zu: rund.

Fußball und Poesie

Das nächste Gedicht ist immer das schwerste – Gelegenheitsverse und Klassiker

Unversöhnlich erschien einst das Verhältnis von Poeten und Fans, unüberbrückbar der Graben zwischen Versfuß und Fußball. So schrieb nicht nur der Romancier Heinrich Böll in den *Ansichten eines Clowns* von »diesem verfluchten, stundenlangen Fußballspielen«. Auch ein reimender Humorist wie Heinz Erhardt glaubte, seine Verachtung in Worte fassen zu müssen, und witzelte recht und schlecht:

> Vierundvierzig Beine rasen
> durch die Gegend ohne Ziel,
> und weil sie so rasen müssen
> nennt man das ein Rasenspiel.
>
> Rechts und links stehn zwei Gestelle,
> Je ein Spieler steht davor.
> Hält den Ball er, ist ein Held er,
> hält er nicht, schreit man: »Du Toooor!«
>
> Fußball spielt man meistens immer
> mit der unteren Figur.
> Mit dem Kopf, obwohl's erlaubt ist,
> spielt man ihn ganz selten nur.

Das fußballspielende Säugetier und seine bodennahe Wühlarbeit – kaum verhohlen klingen in diesen humorigen Strophen die Ressentiments des sich überlegen dünkenden Kopfmenschen an, wie sie schon 1898 der Turnlehrer Karl Planck in seiner Polemik *Fusslümmelei. Über Stauchballspiel und englische Krankheit* formuliert hatte. Darin deutete er gar jenes Spiel mit der »unteren Figur« als einen evolutionsgeschichtlichen Rückschritt: »Das Einsinken des Standbeins in die Knie, die Wölbung des Schnitzbuckels, das tierische Vorstrecken des Kinns erniedrigt den Menschen zum Affen.«

Auch Joachim Ringelnatz beschrieb den Fußball als krankhafte Erscheinung. Aber anders als die Erhardtschen Gelegenheitsverse beschwor er mit Witz, Phantasie und Rhythmus eine große Obsession – und schuf einen frühen Klassiker. Sein 1919 verfaßtes Gedicht *Fußball (nebst Abart und Ausartung)* beginnt mit den Versen:

> Der Fußballwahn ist eine Krank-
> Heit, aber selten Gott sei Dank.
> Ich kenne wen, der litt akut
> An Fußballwahn und Fußballwut.
> Sowie er einen Gegenstand
> In Kugelform und ähnlich fand,
> So trat er zu und stieß mit Kraft
> Ihn in die bunte Nachbarschaft.
> Ob es ein Schwalbennest, ein Tiegel,
> Ein Käse, Globus oder Igel,
> Ein Krug, ein Schmuckwerk am Altar,
> Ein Kegelball, ein Kissen war,
> Und wem der Gegenstand gehörte,
> Das war etwas, was ihn nicht störte.
> Bald trieb er eine Schweineblase,
> Bald steife Hüte durch die Straße.
> Dann wieder mit geübtem Schwung
> Stieß er den Fuß in Pferdedung.

Das Gedicht spricht wortmächtig von blinder Leidenschaft und setzt dem Wald-, Wiesen- und Straßenkick ein Denkmal. Ganz anders das Fußballpoem des späteren Literaturnobelpreisträgers Günter Grass. 1956 erschien *Nächtliches Stadion* in seinem Lyrikband *Die Vorzüge der Windhühner*. Hier paart sich fußballerische Ahnungslosigkeit mit bedeutsamem Geraune:

Langsam ging der Fußball am Himmel auf.
Nun sah man, daß die Tribüne besetzt war.
Einsam stand der Dichter im Tor,
Doch der Schiedsrichter pfiff: Abseits.

In diesem Gelegenheitsgedicht imitiert Grass jenen Sound der hermetischen Lyrik, der damals en vogue war, doch völlig fußballfremd verwendet er einen Fachbegriff wie Abseits. So degradiert er den Sport zur Staffage, um die Einsamkeit des Dichters zu beschwören.

Diese Beliebigkeit kann man Friedrich Torberg beileibe nicht vorwerfen. Statt existentialistischer Pose pflegte er die Präzision der Poesie. In einfachen, aber desto eindringlicheren Worten beschrieb er das Schicksal des jüdischen Fußballspielers Matthias Sindelar, der am 23. Januar 1939 an den Folgen einer Rauchgasvergiftung starb. Unfall, Mord oder Selbstmord? Die Todesursache ist ungeklärt. Für den Dichter und viele andere stand jedenfalls fest, daß der Magier des Wiener Fußballwunders Suizid beging. Torbergs *Auf den Tod eines Fußballspielers* ist ohne Zweifel eines der bewegendsten Fußballgedichte in der deutschsprachigen Literatur, und sein Poem auf den »Papierenen« – wie der schmächtige Spieler genannt wurde – beginnt mit den legendären Worten:

Er war ein Kind aus Favoriten
Und hieß Mathias Sindelar.
Er stand auf grünem Plan inmitten,
weil er ein Mittelstürmer war.

Er spielte Fußball, und er wußte
vom Leben außerdem nicht viel.
Er lebte, weil er leben mußte,
vom Fußballspiel fürs Fußballspiel.

Aber dieses Leben für den Fußball gerät aus den Fugen, als die Nationalsozialisten das Land besetzen. Obwohl Reichstrainer

Sepp Herberger das Ballgenie nach dem »Anschluß« unbedingt in seiner Mannschaft haben wollte, verweigerte sich Sindelar diesem Wunsch. Sindelar wollte sich mit dem NS-Regime nicht arrangieren. So endet das Gedicht mit den lapidaren Strophen:

Er war gewohnt zu kombinieren,
und kombinierte manchen Tag.
Sein Überblick ließ ihn erspüren,
daß seine Chance im Gashahn lag.

Das Tor, durch das er dann geschritten,
lag stumm und dunkel ganz und gar.
Er war ein Kind aus Favoriten
Und hieß Mathias Sindelar.

Einen Klassiker ganz anderer Art schuf 1968 Peter Handke. Er schrieb ein ebenso kondensiertes wie überzeitlich gültiges Gedicht:

Die Aufstellung des 1. FC Nürnberg
vom 27. 1. 1968

WABRA
LEUPOLD POPP
LUDWIG MÜLLER WENAUER BLANKENBURG
STAREK STREHL BRUNGS HEINZ MÜLLER VOLKERT

Spielbeginn:
15 Uhr

Mit der alttestamentarischen Wucht der Geschlechternamen und der Formstrenge der konkreten Poesie schien dieser Text den Beginn einer neuen Epoche in der Fußball-Lyrik zu markieren. Allerdings hatte er einen gravierenden Fehler, wie der Literaturwissenschaftler Volker Bohn bei seinen akribischen Nachforschungen entdeckte. Nicht Leupold lief als linker Verteidiger auf, sondern Hilpert. So liegt die Vermutung nahe, daß der Dichter bei dem Match im Stadion der »Clubberer« gar nicht anwesend war.

Nicht nur Handke wußte indessen, daß allein schon der Klang der Spielernamen reine Poesie sein kann. Es waren vor allem brasilianische Fußballer, die sich des Wortzaubers bewußt waren und sich Künstlernamen zulegten; oder es waren Fans und Sportreporter, die ihnen klingende Pseudonyme gaben. Stilprägend war in dieser Hinsicht Edson Arantes do Nascimento, der schlankweg Pelé genannt wurde. Diese Beschränkung auf einen einprägsamen Vornamen machte Schule und verwies, lange vor der Einführung der Namenszüge auf den Trikots, auf die Wichtigkeit von kurzen, prägnanten Logos in der Mediengesellschaft. Doch die Regeln brasilianischer Namensgebung sind weitaus vertrackter, als es auf den ersten Blick scheint. Ein gutes Beispiel ist dafür Ronaldo, wie der Sportjournalist Christian Eichler ausgeführt hat: »Mitte der neunziger Jahre gab es schon zwei Ronaldos: einen Torwart, einen Verteidiger. Den Verteidiger nannte man der Unterscheidung wegen Ronaldao (großer Ronaldo). Dann kam der heutige Ronaldo und hieß zunächst Ronaldinho (kleiner Ronaldo). 1999 kam noch ein Ronaldo, der heutige Ronaldinho, der aber noch nicht Ronaldinho heißen konnte, weil ja Ronaldo noch so hieß, und deshalb Ronaldinho Gaucho getauft wurde (nach seiner Herkunft aus dem Bundesstaat Rio Grande do Sul.) Inzwischen ist Ronaldinho zu Ronaldo befördert worden und Ronaldinho Gaucho zu Ronaldinho.«

Trotz verwirrender Umbenennungen und Redundanzen versprühen die brasilianischen Namen musikalisches Flair. Sie könnten deutsche Nationalspieler vom Schlage eines Frings oder Ballack inspirieren. Ihr harscher, völlig unrhythmischer Name mit den betonharten Konsonantenfolgen klingt eher nach preußischem Militärmarsch denn nach leichtfüßigem Samba. Eichler hatte deshalb vor dem WM-Finale gegen Brasilien vorgeschlagen, die deutsche Elf wie folgt umzutaufen:

Oliver Kahn – Kahninho; Torsten Frings – Torstao;
Linke – Marcelinko; Metzelder – Metzelson; Ziege –
Zigo; Bernd Schneider – Bernardinho; Ballack – Balu;
Dieter Hammann – Didi; Marco Bode – Marcio Bodo;
Miroslav Klose – Miro; Oliver Neuville – Olivinho

Die Brasilianisierungsversuche haben poetischen Zauber. Dennoch: im Unterschied zu Handke wollte der Sportjournalist gar kein Gedicht schreiben. Und überhaupt ist das große WM-Finale 2002 bislang von keinem Lyriker verarbeitet worden. Bei längst vergangenen Heldentaten wie der WM 1954 ist das natürlich anders, und so widmete Ludwig Harig sein Gedicht *Die Eckbälle von Wankdorf* dem legendären deutschen Kapitän Fritz Walter:

Was einst in Bern geschah, es klingt wie eine Fabel.
Geheimer Doppelsinn, die Kunst im reinen Zweckball,
entschied den Spielverlauf; der einstudierte Eckball
verwirrte Ungarns Elf mit kryptischer Parabel.

Die Bälle flogen weich, verdeckt und variabel.
Aus kurz getretenem Paß als täuschendem Versteckball
ergab sich auf dem Fuß der langgezogne Streckball:
Buzanski, Lantos, ach, ihr Spiel: indiskutabel.

Mit fußballerischem Sachverstand und klassischem Reimschema ergründet Harig die Ursachen für den Sieg gegen die Wunderelf aus Ungarn. Während jedoch bei ihm nur »der einstudierte Eckball« auf den deutschen Trainer hinweist, so rückt ihn Ror Wolf in das Zentrum seiner Moritat *Neunzehnhundertvierundfünfzig*. Für den Dichter ist zweifellos »der Chef« der Vater des Erfolgs, und den verdankt Herberger wiederum seiner handgeschriebenen Datenbank:

Sepp Herberger hat alles eingetragen
in sein Notizbuch und darauf die Welt

an einem Tage auf den Kopf gestellt;
und dies geschah nach seinen Unterlagen.

Um die mentale Verfassung des hoch favorisierten Gegners zu studieren, scheute sich Herberger auch nicht vor Spionage, glaubt man Ror Wolf:

Der Chef jedoch, um alles aufzuschreiben,
schickt seine Späher aus, geduckt und schnell,
nach Solothurn, hinein in das Hotel,
um dort zu sehen, was die Ungarn treiben.
Salami, Gulasch, mächtige Portionen,
Champagner knallend und gewaltig große
Zigarren, ach ein Leben lax und lose
In dem Hotel, in dem die Ungarn wohnen.

Der Sepp-Herberger-Verehrer Ror Wolf wußte jedoch: beim Fußball wie in der Poesie herrschen ähnliche Gesetze. Und so galt für Deutschlands größten Fußballdichter: das nächste Gedicht ist immer das schwerste. Auch die WM 1966 sollte Wolf in Verse fassen, und im Mittelpunkt stand damals nicht die ausgebuffte Strategie des deutschen Trainers, sondern eine bis heute umstrittene Schiedsrichterentscheidung. Lapidar eröffnet der Autor:

Ein Mann kam an mit Namen Bachramov,
er kam aus Rußland, und ein andrer Mann,
mit Namen Dienst, er kam aus Basel an.
Nun war gesorgt für Unterhaltungsstoff.

Mit knappen Worten stellt der Dichter die handelnden Personen vor, dank denen Deutschland nach dem berühmt-berüchtigten Wembley-Tor verlor. Ror Wolf bemüht sich um äußerste Distanz, um die Tragödie zu schildern:

Ein Mann mit Namen Hurst schoß auf gut Glück,
es riß die Arme hoch ein Mister Hunt.

Kein Mensch hat diesen Fall genau erkannt;
denn von der Latte tropft der Ball zurück.
Ein Mann mit Namen Dienst, wie schon gesagt,
sah auf die Linie und auf seine Beine.
Er gab das Tor. Beweise gab es keine.
Er lebt. Man hat ihn nicht davongejagt.
Bei England platzten nun die letzten Knoten.
Und Deutschland warf sich fassungslos zu Boden.

Ror Wolf beherrschte aber nicht nur die klassischen Formen der Lyrik. In seinem Band *Punkt ist Punkt. Fußball-Spiele* veröffentlichte er auch Collagen und Montagen, die wegweisend waren. Dabei benutzte er die beliebtesten Wendungen der Fußballreporter, um sie in einen völlig neuen, dazu überaus lustvollen Kontext zu stellen: »Plötzlich machte sich Emma frei auf diesem schlüpfrigen Boden, das war eine gute Gelegenheit, also fackelte Friedrich nicht lange und schob ihn gemächlich hinein. Emma bot sich noch einmal an, da war Paul nicht mehr zu halten, Emma wurde gelegt, und Paul bohrte unermüdlich. Jetzt kam auch der Dicke durch, vorne war alles offen, Lutz war eingedrungen, er hatte endlich das Loch gefunden, denn Hertha zeigte auf einmal erschreckende Blößen.« Seine experimentellen Collagen aus Originalzitaten haben etliche Nachahmer gefunden. Rund drei Jahrzehnte später sollten beispielsweise »Unbekannte Dichter« in der Frankfurter Allgemeinen vom 1. Juli 2002 veröffentlicht werden. Ihr Poem hieß *Kampf, Kampf, Weinkrampf, Kahn:*

Endlich WM! Lasst die Bälle tanzen
Unsere Taktik: Hoch flanken, hoch gewinnen
Rudi, haudi Saudi
Jungs, ihr macht uns stolz
Endlich! Wir sind wieder wer … und jetzt lasst auch die
Iren verlieren
Flach spielen wieder hoch gewinnen
Heute gegen die Iren. Klose schieß sie aus der Hose

Nur 1:1. Kahn und Klose … der Rest war tote Hose!
Ausgerechnet ein Deutscher! Schmeißt uns Winni
Wahnsinn aus der WM?
Winni, heute wirst du rasiert!
Jaaa! Wir haben Winnies Skalp

Knapp einen Monat lieferten die Schlagzeilen der Bild-Zeitung das poetische Material für dieses Gedicht, welches Frankfurter Feuilletonredakteure anläßlich der WM 2002 aneinandermontierten. Und zum Endspurt sollte es nochmals eine gewaltige Steigerung geben:

Kampf, Kampf, Kahn!
Die Schlacht in der roten Hölle. Heute müsst ihr 11
Kahns sein
Finale!!! Aber Ballack Weinkrampf in der Kabine
Ganz Deutschland Balla-Ballack
Traum-Finale da! Brasilien na und …

Doch zurück zur Poesie von namentlich ausgewiesenen Dichtern. Im Fahrwasser von Ror Wolf – der sich auch durch faszinierende Radio-Collagen wie *Der Ball ist rund* einen Namen machte – brachen auch Schriftsteller wie Eckhard Henscheid zu neuen Ufern auf und probierten sich in der hohen Kunst der Fußball-Lyrik. Seine *Hymne auf Bum Kun Cha* feierte Eintracht Frankfurts koreanischen Stürmerstar:

Schön ist, Mutter Natur, deiner Erfindung Pracht,
Die den großen Gedanken vermochte, den
Knaben zu träumen, zu denken – und dann auch zu
Bilden mit den schnellen, beseelten, jauchzenden
Füßen des Jünglings: Flink, flitzend,
Flirrend und flackernd – nicht lange fackelnd,
Doch feuernd und feiernd, den fühlenden Herzen
Frankfurts zur Freude.

Klopstocks Ode *Der Zürchersee* lieferte die Vorlage für diese hochgestimmten Verse, während folgende Reime von Goethes *Wanderers Nachtlied* inspiriert wurden:

> Anbeten will ich,
> Singen dein Lob all mein Lebtag und
> Endlich, wenn's gut geht, warte nur balde,
> Berückt in Verzückung unendlicher Schönheit
> vergehn

Heldenverehrung und die literarische Parodie von Autoren der Weltliteratur bilden das Grundmuster vieler Fußballgedichte. Uwe Herms wählte 1968/69 Hans Arps *Kaspar ist tot*, einen der bekanntesten Texte der Dada-Bewegung, um eine surrealen Abgesang auf »König Fußball« anzustimmen. Die Wehklage setzt mit folgenden Strophen ein:

> Wehhhhhhh:
> Unser guter Fußball ist tot!
> Uweh uweh uweh
>
> Wo wäscht nun ein Bein das andere
> Wo bleiben die Ausputzer
> Wo bleibt unser Volk der Ausputzer
> Wo steht nun das Telephon
> Uweh uweh uweh

Uwe Herms macht aus dem Dada-Gedicht einen modernen Fußballklassiker, indem er etwa den Arpschen Klagelaut »weh« durch »uweh« ersetzt und so auf den Nationalstürmer Uwe Seeler hinweist, der von seinen Fans mit lautstarken »Uwe, Uwe«-Rufen gefeiert wurde. Sein fiktiver Trauergesang malt in düsteren Farben aus, was uns allen fehlen wird, wenn es diesen Sport nicht mehr geben sollte. Nicht nur die »Ausputzer«, die heldenhaften Abwehrspieler, würden wir vermissen oder den Unparteiischen, welchen die Fans mit ihrem Ruf »Schiedsrichter, Telefon« so gerne beschimpfen:

Wehhhhhhh:
Wer geht unseren Füßen leuchtend voraus
Wer schneuzt aus Millionen den Feiertag
Wer gibt sich noch für Bomben her.

Der Dichter macht deutlich, welches Vakuum entstehen würde, wenn am Wochenende nicht mehr die »Bomber der Nation« die Langeweile vertreiben würden. Ganz reale Depressionen befielen dagegen den sächsischen Dichter Karl Mickel, als er 1980 den Zustand seiner Elf reflektierte. Die Lage von Dynamo Dresden war so fatal, daß er sich sprichwörtlich keinen Reim mehr machen konnte und sein Gedicht *Nänie* mit dem Lamento begann:

Die Mannschaft zersprengt und zerfledert!
Boden spielt nun wieder Nachwuchs, der kleine rundliche Torwart.
Dörner steht noch, der letzte Mann jenseits des Höhepunkts.

Die Formschwäche der alternden Mannschaft hat aber auch ihren Grund in der versuchten Republikflucht des 35maligen DDR-Nationalspielers Gerd Weber. Zu zwei Jahren Haft wurde er verurteilt, und auch sein Teamgefährte Peter Kotte mußte ins Gefängnis. Ohnmächtig seufzt der Dichter und kann nur noch die Fakten zitieren:

Lebenslänglich gesperrt ist Kotte; vergleiche bei Weber.
Heidler, Faktotum im Sturm, ist nach wie vor unentbehrlich.
Richter, immerfort krank, ist abgegeben nach Riesa, wo er jetzt immerfort krank ist.

Die Form der Wehklage ist – neben den Heldengesängen – eine besonders populäre Form der Fußball-Lyrik. Dichter wie Martin Halter scheuen nicht die Trauerarbeit. Der ließ seiner Enttäuschung in einer ausladenden Elegie freien Lauf, als Freiburgs Torjäger Rodolfo Esteban Cardoso zum Bundesliga-Rivalen Werder Bremen gewechselt war, und zitierte Goethes berühmte Anfangsverse »Edel sei der Mensch,/ Hilfreich und gut!« aus dessen Gedicht *Das Göttliche*:

Edel und hilfreich und gut war er, Liebling der Götter
  und Mädchen,
gnadenlos nur vor dem Tor. Bis der Versucher erschien
und mit leeren Versprechen ihn lockte in kältere Breiten
an der Weser Gestad, grünlicher Fischköpfe Heim.

Polemisch beschwört der Dichter das klimatische wie kulturelle Süd-Nord-Gefälle, verzweifelt versucht er in einer Mischung aus Locken und Drohen, den Held zur Umkehr zu bewegen:

Haben wir nicht einen milderen Himmel? Was, Rodolfo,
soll Dir eine Million? Freiburg gab Dir viel mehr.
Schau Maradona Dir an, Deinen Landsmann: Was aus ihm
  wurde,
als ihn die Hybris umfing. Fett und Doping und Koks.
Jetzt muß sein Weib ihm befehlen, die Tränensäcke zu liften.
Endest Du einmal so? Nein, Cardoso, halt ein!

Antike Strophenformen und immer wieder der Rückgriff auf Goethe prägen einen Gutteil der Fußball-Lyrik. Ob bei Halters Elegie oder Henscheids Hymne – die klassischen Metren scheinen das nötige Pathos zu ermöglichen, um tiefste Verzweiflung und innigste Anbetung ausdrücken zu können. Auch der Dramatiker Albert Ostermaier griff 1999 zu einer altehrwürdigen Gattung, um Deutschland berühmtesten Fußballer der Gegenwart mit seiner *ode an kahn* zu feiern:

wenn er beim eckball
wie eine blonde katze aus dem
tor stürmt auf einer welle
der begeisterung durch die
blauen lüfte fliegt – jetzt
müsste man eigentlich die
beach boys einspielen

Seine Heldengesang vollzieht er in modernistischer Kleinschreibung, prosanaher Diktion und mit »&«-Zeichen der Siebziger-Jahre-Lyrik, um dann zum Finale hin einen homerischen Mythos zu zitieren. Und nach der Beschwörung der Beach Boys verweist er auf den Gesang der Sirenen, wenn sich Oliver Kahn den Angreifern entgegenstellt:

seine arme sind wie skylla &
charybdis & wer könnte diese
enge passieren ohne um sein
leben zu fürchten selbst seine
mannen macht er rund &
schreit sie an als hätten sie
wachs in den ohren & könnten
ihn nicht hören den rauhen
aufbrausenden sirenengesang
ihres felsen in der brandung

Sonette auf die Viererkette – Bundesliga-Lyrik rettet Cottbus vor dem Abstieg

Nicht wenige Fußballdichter haben den Hang zum klassischen Versmaß. Neben Ode, Hymne und Elegie spielt aber auch eine Gedichtform eine Rolle, die Petrarca, Shakespeare oder Rilke zu höchsten lyrischen Gipfeln geführt haben: das Sonett. Es verlangt vom Poeten höchste Disziplin. Exakt 14 Zeilen muß es lang sein, und auch die Gliederung der Verse ist genau festgelegt: in der italienischen Tradition etwa gruppiert man sie in zwei vierzeilige Strophen – Quartette genannt – und zwei dreizeilige Strophen, die Terzette.

Ror Wolf wiederum ließ es sich nicht nehmen, auch in dieser altehrwürdigen Disziplin anzutreten, und verfaßte sein *Fußball-Sonett*:

Der Meister wirbelt hungrig übers Feld
Und füttert seine Spitzen sehr geschickt.
Er tanzt durch alle Sperren, quirlt und zwickt.
Vom Flutlicht ist der Rasen jetzt erhellt.

Der Rammer zugedeckt und kaltgestellt.
Der Brecher auf der Linie, ganz geknickt.
Das Leder hängt im Netz, hineingenickt.
Im halben Lande stöhnt die Fußballwelt.

Der Trainer auf der Bank, man sieht ihn fluchen.
Sein Kopf sitzt locker und eventuell
Beißt man im Herbst schon in den Abstiegskuchen.

Der Rammer steht herum und ganz speziell
Den Brecher muß man mit der Lupe suchen.
Da muß sich vieles ändern und zwar schnell.

Mit den Mitteln des fünffüßigen Jambus malt Ror Wolf das Abstiegsgespenst an die Wand. Die Leistungsträger – »der Rammer« und »der Brecher« – sind außer Form, der Stuhl des Trainers wackelt, und die gegnerische Elf, der Meister, beherrscht die Flutlichtpartie. Die Situation ist so aussichtslos, daß zum Schluß ein berühmter Vers aus Rilkes Sonett *Archaischer Torso Apollos* abgewandelt wird, wie Karl Riha bemerkt hat. Bei Rilke heißt es dramatisch: »Du mußt dein Leben ändern«. Im Fußballgedicht klingt es dagegen pragmatischer nach Art der Sportexperten: »Da muß sich vieles ändern und zwar schnell«.

Das Fußball-Sonett von Ror Wolf schildert ein nicht näher bezeichnetes Match zwischen zwei anonymen Mannschaften und verrät weder den Zeitpunkt des Spiels noch das Ergebnis. Es ist ein Gedicht, das auf das Exemplarische zielt. Ganz anders verfuhr dagegen der Dresdner Musik- und Theaterkritiker Gottfried Blumenstein, als er in der Bundesligasaison 2001/2002 zu einem einmaligen Experiment ansetzte. Er ging systematischer und vor allem empirischer vor und verfaßte sage und schreibe 34 Bundesliga-Sonette, um die jeweiligen Spiele seines Vereins FC Energie Cottbus lyrisch zu reflektieren. Dabei arbeitete er mit atemberaubender Schnelligkeit: unmittelbar nach dem Samstags- oder Sonntagsmatch setzte er sich an den Schreibtisch und schmiedete seine Verse, um sie kurz danach der Öffentlichkeit zu präsentieren.

Einzigartig war auch die Form der Präsentation, welche an die Anfänge aller Poesie gemahnt. Die Gedichte wurden nämlich geschrieben, um auch laut gelesen zu werden: mit doppeldeutigem Pathos trug sie ein Sprecher im Radio vor, und jeden Montag pünktlich um 7 Uhr 20 wurde das aktuelle Poem bei *Figaro. Dem Journal am Morgen* auf MDR Kultur ausgestrahlt.

Mit seinem ersten Bundesliga-Sonett bestimmte Blumenstein die überaus ambitionierte ästhetische Position, von der aus er die Cottbusser Spiele kommentieren wollte. So ließ er sich von Johann Wolfgang von Goethes Sonett *Natur und Kunst* zu seiner ureigenen Gründungsurkunde inspirieren. Der Geheimrat begann mit folgender Strophe:

Natur und Kunst, sie scheinen sich zu fliehen
Und haben sich, eh man es denkt, gefunden;
Der Widerwillen ist auch mir geschwunden,
Und beide scheinen gleich mich anzuziehen.

Blumenstein dagegen konterte mit seinem Eröffnungsquartett und fuhr fort:

Fußball und Kunst scheinen sich zu fliehen
Und haben sich, eh man es denkt, gefunden,
Die Obacht mittlerweile ist verschwunden,
Und beide scheinen gleich mich anzuziehen.

Es ist von Wundern allhier zu berichten.
Denn Fußball hat nach anderthalben Stunden
Den Siegespreis höchst cool an sich gebunden
Das tut der Philosophen Unrast schlichten.

Schon ist der Kampfplatz herrlich fett gefüllet.
Ins Fahnenmeer rot flatternd flott gehüllet.
Ein Tor zur rechten Zeit ist dann Erquickung.

Während Blumensteins Strophen zwei und drei nicht auf Goethes Sonett eingehen, schließt sich am Ende der Kreis. Der Dichterfürst legt vor:

Wer Großes will, muß sich zusammenraffen,
In der Beschränkung zeigt sich erst der Meister.
Und das Gesetz nur kann uns Freiheit geben.

Und der Fußball-Autor nimmt den Paß auf:

Wer Großes will, muß Punkte glatt erringen.
Ästhetisch auch ein schönes Spiel mitbringen.
So fällt daselbst der Schöngeist in Verzückung.

Blumenstein bekannte sich als Fußball-Ästhet, dem es auch auf Eleganz und Esprit ankommt. Doch als seine Mannschaft in Schönheit starb wie bei der 2:3-Heimniederlage gegen Leverkusen, konnte er sich leise Kritik nicht verkneifen:

Der Sieg, der lag wohl fast gleich zehnmal vor den
 Füßen.
Zu viele Chancen, um hier alle zu erwähnen.
Am Ende jedoch war das Aug gefüllt mit Tränen,
Denn für den blinden Eifer mußt man bitter büßen.

Ach, oh wie gern, tät man die Unserigen küssen.
Aurelius, der aus dem Lande der Rumänen
Für Cottbus spielt, der darf sich schamhaft bläulich
 schämen.
Den hätte man sogar so recht verhauen müssen.

Ihn stach der Hafer, tändeln tat gar der Schlabanze.
Im eignen Strafraum war er nicht direkt bei Sinnen.
Ein Elfer kam, und Kirsten nahm den Sieg von hinnen.

Und Trainer Geyer? Fuchtig ruft er auf zum Tanze.
Ein Strafgericht für's Brüderlein vom Leichten Fuße
Verlangt zurecht geharnischt fette Sünderbuße.

Ein Gedicht wie dieses verlangt nach Blumensteins Auffassung, wie bereits angedeutet, nach lautem Vortrag; zudem muß es auf Höhe der aktuellen Berichterstattung bleiben. Deshalb nötigte der Dichter allwöchentlich den Dresdner Staatsschauspieler Dirk Glodde zur nächtlichen Séance in das Funkhaus der sächsischen Landeshauptstadt. Hier feilte der Mime mit dem Autor an einer kongenialen Interpretation, glättete da ein paar besonders strapazierte Knittelverse, strichelte dort mit sonorem Baß an Bedeutungsnuancen. Die mühselige Arbeit am Text war nicht vergebens, denn allmählich geriet die Bundesligalyrik unter Kultverdacht. Nicht nur sportkundige

Radiohörer fieberten der Gedichtrezitation entgegen. Auch das bundesweite Echo war gewaltig. In der damals noch existierenden *Woche* feierte Michael Jürgs den Autor: »Blumenstein, der für Cottbus das ist, was einst Ludwig Harig – ›O abgetropfter Ball! O eingeschlenztes Leder‹ – für Eintracht Frankfurt war, ein Sprachspielmacher aus der Tiefe des Raumes.« Der Ruhm Blumensteins reichte aber auch in die Hauptstadt, wo der Dichter und sein Rezitator einen Fernsehauftritt beim ARD-Morgenmagazin mit Live-Lyrik absolvierten.

Ganz unvorhersehbare Reaktionen und geradezu dramatische Nebenwirkungen zeitigte das Radio-Sonett bei den Anhängern von Energie Cottbus. Einmal, es war vor dem Anpfiff, kam es zu jener ersehnten Situation, die ein Lyriktheoretiker in den siebziger Jahren als »Das Gedicht im Handgemenge« umschrieben hat. Wo eben noch die Cheerleader der *Energy Diamonds* ihre Leiber zu Anfeuerungszwecken verbogen und Ostrockerin Petra Zieger ihre Weisen in die Südkurve schmachtete, trat plötzlich jener Super-Gau der Spaßgesellschaft ein, von dem einst ein entsetzter RTL-Chefredakteur als ultimativem Quotenkiller gesprochen hat: »Hier fühlt sich der Zuschauer unmittelbar mit Kultur konfrontiert.« Mit der ebenso anbiedernden wie hinterhältigen Ankündigung des Stadionsprechers (»Energie-Fans jubeln anders«) nahm das Verhängnis seinen Lauf. Schreckensstarr verharrten die Schlachtenbummler, als das Bundesliga-Sonett aus den Lautsprechern schallte. Anderthalb Minuten lang herrschte Totenstille, eine Ewigkeit für Fußballanhänger. Die Arena verwandelte sich in einen Elfenbeinturm. Keine befohlene Schweigeminute hätte jemals eine solche Beklemmung auslösen können. Bruchstückhaft wurde eine Utopie des Schriftstellers Erich Loest Wirklichkeit. Der hatte einst die Fernsehsender aufgefordert, bei Fußballspielen in den zuschauerstarken Halbzeitpausen die verschmähte Gattung der Lyrik zu befördern und den Fans in den heimischen Wohnstuben ein paar Verse zuzumuten.

Die Pädagogik der Grausamkeit lief ins Leere, Poesie in Fernsehen und Stadion bleiben ein Skandalon – doch nun kann auch ein Skandal zu Poesie werden. So scheute Energies Trainer Eduard Geyer nicht vor der Diskriminierung von Randgruppen zurück, als er den »mangelhaften« Leistungswillen seiner Mannen mit der angeblich laxen Arbeitsmoral der Prostituierten in Hamburg-Sankt-Pauli verglich. Die gescholtenen Dienstleisterinnen fühlten sich in ihrem beruflichen Selbstverständnis derart getroffen, daß sie beim Spiel der Cottbusser am Hamburger Millerntor professionell vor der Trainerbank posierten und mit nicht durchweg zitierfähigen Spruchbändern gegen Geyers Hetze demonstrierten. Für Blumenstein der Stoff, aus dem das *Bundesliga-Sonett Nr. 10* nach dem verheerenden 0:4 der Cottbusser in St. Pauli gemacht ist.

Oh weh, du unbedachter Trainer Ede Geyer
Ein herzhaft Wort, so ungelassen ausgesprochen,
Das bringt die Damenwelt gar richtig heiß zum Kochen
Denn hierzulande tragen Fuchteln keinen Schleier.

Statt dessen treten sie dir markig in die Waden.
Auf ihre Ehre, sei's geklagt, da tun sie pochen.
Ach, hättest du dich nur markant verkrochen.
So gilst du nun als ridikül gescholtner Freier.

Zu dumm gelaufen ist das kecke Spiel mit Worten.
Noch schlimmer ging das Fußballmatch aus auf dem
    Felde.
Besiegt, verlacht! Die Schlußlaterne blinkt in Bälde?

Aus Bangigkeit vor diesen furiosen Torten.
Versagt die Mannschaft knieweich gleich 'nem schlaffen
    Rudi.
Nun richt' sie wieder auf und sei ein guter Bubi.

Dieses Gedicht traf offenbar so sehr den Nerv der Hamburger, daß die Fan-Postille des FC St. Pauli es genüßlich abdruckte. Die Blumensteinschen Ermahnungen entfalteten aber offensichtlich eine geheime Langzeitwirkung. 17 Sonette später, beim Rückspiel in Cottbus, nahmen die Lausitzer Revanche und gewannen in derselben Höhe wie Sankt Pauli in der Vorrunde. Nach dem 4:0-Sieg fand der Dichter auch Lob für Geyer und dessen »kluge Trainerworte«:

So zauberhaft darf's stetig nun gelingen.
Recht traumdurchflutet nehmen wir's gewahr.
Gar herzig stellten sich die Künste dar,
am Ball, der tänzelt wie auf Ätherschwingen.

Nun lebensmunter Silberglöckchen klingen.
Die Lust am feschen Tändeln immerdar,
Verzückt durch Miriuta: Superstar,
Der Pässe schlägt wie von den letzten Dingen.

Die Weisheit, das zu tun, was man erhofft,
Nur die Gesalbten vorzüglich erlangen,
Die an die Trainerworte klug sich hangen.

Mit offnem Sinn und vorderhand Verstand,
Mit Füßen wohltrainiert und sportsgewandt,
Ist uns nicht bang wie vor der Zeit so oft.

Trotz aller Zuversicht wurde der Poet nur selten zum Sänger hart erzitterter Arbeitssiege wie beim 1:0 gegen den HSV, als besagter Vasile Miriuta zum Elfmeterpunkt schritt. Der Dichter zögert keinen Augenblick, den Ungarn mit den magyarischen Freiheitskämpfern des 19. Jahrhunderts zu vergleichen.

Macht er ihn rein, Vasile der Heiducke?
Die Antwort war hier schnell und straff gegeben.
Die Lausitz tobt: ostwärts ist wieder Leben.

Immer öfter aber erstarb der Aufschwung Ost, und angesichts der unglücklichen Heimniederlage in letzter Minute gegen Dortmund wurde Blumenstein gar zum Dichter der Depression.

Was nun, was tun, was soll das angeschissne Leben?
Gar meuchlings war's, so wie beim Fall der Feste Theben.
Verzweifelt stürzen wir uns von der Teppichkante?

Gemach, erst leih'n wir unser Ohr dem Dichter Dante,
Der sagt, es kommt die Zeit, da hebe deine Stirne,
Gebeugt mußt' nimmer gehen, aufrecht steht die Birne.

Dieser nicht ganz kalauerfreie Bezug zu Dante und die Verwendung der italienischen Sonettform – alles eine fröhliche Referenzakrobatik, die sich bei Blumenstein noch halsbrecherischer während des Abstiegskampfs seines Vereins äußerte. Hier ließ er es sich nicht nehmen, nach dem 2:0-Sieg gegen Freiburg eine der berühmtesten Goethe-Dichtungen zu variieren – Fausts Monolog in der Szene »Vor dem Tor«. Im Original hieß es:

Vom Eise befreit sind Strom und Bäche
Durch des Frühlings holden, belebenden Blick;
Im Tale grünet Hoffnungsglück;
Der alte Winter, in seiner Schwäche,
Zog sich in rauhe Berge zurück.

Blumensteins Anverwandlung des Osterspaziergangs lautet:

Vom Abstieg befreit sind unsere Mannen
Noch nicht, aber bald könnt es werden.
Schier Hoffnungsglück ist hier auf Erden
Des Winters Kälte letztendlich zu bannen.

Der Frühling regt sich mit torhungrig Streben
Daheim in der Lausitz sind wir auferstanden
Hinweg mit des Gegners verknebelten Banden
Unser Spiel tat sich vorzüglich beleben.

Auch Freiburg ging unter im Kampfesgetümmel.
Im Sturm macht sich nunmehr breit auf der Himmel.
So wurden die Stärken ans Licht hell gebracht.

Vorbei des Losertums zappendustere Nacht.
Zufrieden jauchzt der Cottbusser groß und klein.
Allhier ist er Mensch, jetzt darf er's stolz sein.

Die verwegene Parallelisierung von Religion und Fußball, Sieg und Auferstehung, die Mischung aus Anglizismen wie »Losertum« und Goethe-Paraphrase, dazu die Kombination aus Leidensfähigkeit und unbeirrbarem Optimismus beflügelten offensichtlich die Energien des FC Energie.

Kein Zweifel: die Bundesliga-Sonette waren die geistig-moralische Stütze im Kampf gegen den Abstieg. Trainer Eduard Geyer ließ zwar zwischendurch schon einmal den Kopf hängen, wenn er an die finanzielle Situation seines Vereins dachte: »Ich komme mir wie ein Querschnittsgelähmter vor: alle bedauern dich, aber keiner gibt dir was.« Aber letztlich wurde der Fall in die Zweitklassigkeit verhindert. So konnte sich der Dichter entspannt seinen Reim auf den letzten Spieltag machen. Cottbus verlor zwar zuhause, war aber auf der sicheren Seite. Deshalb wagte Blumenstein gar eine Art Konferenzschaltung in Gedichtform. Dabei hatte er sowohl die Aktiengesellschaft aus Dortmund im Blick, die durch den Sieg gegen Bremen Meister wurde und ihren Börsenkurs dramatisch in die Höhe trieb; er streifte aber auch das tragische Schicksal Bayer Leverkusens, welches nicht nur in letzter Minute den Titel verpaßte, sondern später auch noch die Endspiele in der Champions League und im DFB-Pokal verlieren sollte und deshalb »dreifach übermotiviert« war, wie der Lyriker schrieb; und er verhöhnte *en passant* Bayern München. Der Verseschmied fühlte sich überdies so erhoben, daß er seinen Blick über den Tellerrand des Stadionrunds schweifen lassen konnte und souverän medienpolitische Themen wie die Insolvenz des Fußball-Fernsehrechtebesitzers Leo Kirch einflocht.

Schließlich sollte er die Niederlage des christsozialen Kanzlerkandidaten prophezeien und die Bundestagswahl als schicksalhaftes Roulettespiel beschreiben, was sie angesichts der äußerst knappen Mehrheit für Schröder dann auch war.

Bundesliga-Sonett Nr. 34
Cottbus 2 Köln 3 & Dortmund 2 Bremen 1

Die Nerven liegen itzo nicht mehr blank daneben.
In Dortmund gar der Schabernack beherrscht das Feld.
Trotz Pleitier Kirch für Freibier reichte allemal das Geld,
Und Aktien stürzten hoch, gleichwie im richt'gen Leben.

Schon Pech: der Bayer-Elf nützt nichts ihr edles Streben,
Denn zu viel Streß hebt aus Angeln diese Welt,
Dann fällt dreifach der übermotivierte Held.
Ihm kurz vor Toresschluß die Kräfte sanft entschweben.

Und auch der Dritte in der Runde konnte nichts mehr reißen,
Das unverschämte Glück hat sich davongemacht,
Vom Rest der Republik wird Bayern ausgelacht.

Und schlimmer noch, dem Edmund wird's die Wahl gar schmeißen?
Als Schicksalskugel rollt der Ball in diese (oder jene) Tüte.
Egal, uns schießt der Spaß am Spiel gar selig ins Gemüte.

Was alles hat Platz in einem Gedicht? heißt ein grundlegender Band mit Aufsätzen zur deutschen Lyrik seit 1965. Schaut man sich Blumensteins letztes Bundesliga-Sonett an, kann man vorsichtig antworten: Einiges. Diese Themenfülle vom Fußball über die Literaturgeschichte bis hin zu Wirtschaft und Politik konnte er bei seinem Lyrikdebüt nicht bewältigen. Denn in der Bundesliga-Saison 2000/2001 hatte Blumenstein die knappe Gedichtform des Haiku gewählt, um den Überlebenskampf der Lausitzer Kicker zu begleiten. Er mußte erfahren, daß die strenge Metrik aus 17 Silben (in drei Zeilen zu 5-7-5 angeordnet) in etwa der taktischen Komplexität einer Viererabwehrkette entsprach. Und so versuchte er, die Tücken des Versmaßes nach der bitteren Heimniederlage gegen Freiburg zu meistern:

Fahnen flatterten.
Nerven auch: Ein Kreuz das Tor.
Es war zugesperrt.

Doppelsinnig analysierte der Dichter den Spielverlauf. Zum einen war das Siegtor der Freiburger ein Kreuz für die Cottbusser, das sie auf sich nehmen mußten. Andererseits war das Gehäuse der Badener wie mit einem Kreuz zugesperrt und ließ keinen Treffer zu. Und auch die festliche Stimmung wie die Nervosität des Aufsteigers fand in den drei Versen Platz.

Allerdings gab es noch ein Manko bei diesem Haiku. Denn diese Form verlangt neben der festgelegten Silbenzahl auch den thematischen Bezug zu Natur, Wetter, Jahreszeiten oder der Mannigfaltigkeit der Pflanzenwelt. Bravourös verband Blumenstein diese hohen Anforderungen nach einem glücklichen Auswärtsunentschieden in Kaiserslautern, als er Südfrüchte und Spieltechnik, Vision und Witterung, Bewegung, Zeitlupe und Stillstand in drei Zeilen unterbrachte. Es ist ein Juwel von rätselhafter Schönheit.

Haiku Nr. 7

Es gibt Tagträume
Gleichwie Bananenflanken
Im Abendnieseln.

Der Dresdner Dichter hatte hier mustergültig das Ideal der poetischen Verknappung erreicht und zugleich eine legendäre Sentenz von Horst Hrubesch in die Sphäre der Poesie überführt. Denn wie antwortete der Stürmer, als er einst zu einer entscheidenden Szene befragt wurde? »Manni Bananenflanke, ich Kopf, Tor!«

Mit Haikus und Bundesliga-Sonetten hatte Blumenstein zweimal den Abstieg seines Vereins abwehren können. Zur Spielzeit 2002/2003 wählte er die Gattung der Ballade. Und hoch gestimmt begann er zu Saisonbeginn zu dichten, als Cottbus ein Unentschieden gegen den Favoriten aus Leverkusen errungen hatte:

Zum ersten Spiel die Lausitz lacht,
Denn schnurpsgeschwind den Punkt gebracht,
Hat Sebök, unser Lebemann.
Was soll's, wenn er schön köpfen kann.

Der frische Eindruck immerhin
Entzückt auch ohn' Dreipunktgewinn
Denn Bayer ist ein Kontrahent,
Den weltweit alle Welt schon kennt.

Die spielen immer oben mit.
Der Energie-Husarenritt
Just unten sich schon dreimal jährt.
Kann sein, daß sich's zuoberst kehrt?

Nun, unsre Elf war aufgeweckt,
und spielte keineswegs verschreckt.
Wenn's Restprogramm nicht eklatant,
Der Abstieg ist bereits gebannt?

Leise Hoffnung atmete aus diesen Versen. Doch die Form der Ballade war ein böses Omen, erzählt sie doch seit dem 18. Jahrhundert oftmals ein dämonisch spukhaftes, häufig tragisches Geschehen. Man denke nur an *Die Brück' am Tay* von Theodor Fontane. Hier verüben mysteriöse Hexen einen Anschlag auf eine Eisenbahnbrücke, indem sie einen fürchterlichen Sturm heraufbeschwören. Das Symbol des technischen

Fortschritts wird zerstört: »Wie Splitter brach das Gebälk entzwei« heißt es, und der darüberfahrende Zug stürzt in die Tiefe. »Tand, Tand,/ Ist das Gebilde von Menschenhand« raunen die Hexen und bestrafen mit dem grausamen Terrorakt die menschliche Hybris und ihren Fortschrittsoptimismus.

Von diesem Hochmut des »Höher, schneller, weiter« war der »Energie«-Dichter jedenfalls nicht befallen, als die Saison begann. Es war klar, daß es keineswegs um die Meisterschaft, sondern nur gegen den Abstieg gehen konnte. Doch wie die Menschen in Fontanes Gedicht nährte er trügerische Hoffnungen. Die Protagonisten in der klassischen Ballade sind zwar sicher, den Sturm, der sie zu vernichten droht, unter Kontrolle zu bekommen: »Und wie's auch rast und ringt und rennt,/Wir kriegen es unter: das Element.« Und auch das lyrische Ich in Blumensteins Text ist zuversichtlich, das rettende andere Ufer, den Klassenerhalt, zu erreichen. Doch letztlich machen die Fontaneschen Kreaturen ihre Rechnung ohne die Hexen. Blumenstein dagegen geht der vermeintlichen Göttin Fortuna auf den Leim, die ihn arglistig täuscht. Als ewig Glücksverheißende und Freudenspendende hatte er sie wahrgenommen. Ein Fehler, wie ihm schlagartig nach der bitteren Heimniederlage gegen Wolfsburg bewußt wird:

Da liegt sie nun, die schöne Braut,
Die uns das smarte Glück verheißen
Die Milch und Honig aufgetaut,
Die uns gelehrt an Trüffeln beißen.

Wie war'n wir froh, wie war'n wir stolz,
Daß sie im Bette uns umgarnt.
Kaum jemand war da noch aus Holz,
Zu gut die Dirne sich getarnt.

Mit Schmeichelein und Sexappeal
Den Nichtabstieg versprach sie schwer.
Gleich zweimal waren wir am Ziel,
Doch's Luder sagt: Ich kann nicht mehr.

Nun ist sie hin, nun hat sie fertig:
Fortuna ist desillusioniert.
Ihr Schwung ist nicht mehr gegenwärtig.
Dann sind wir diesmal angeschmiert.

Das Glück ist perdu. Mit gewagten Metaphern, welche die biblische Verheißung vom Land, wo Milch und Honig fließen, mit Tiefkühllagerhaltung zusammenzwingt, erzählt der Dichter die Geschichte einer Ent-Täuschung. Dabei wandelt er auch die mittlerweile klassische Schlußsentenz aus einem Drama der Gegenwart ab, das am 10. März 1998 bei einer Pressekonferenz von Bayern München über die Bühne ging: »nun hat sie fertig«, schreibt Blumenstein. Die Formulierung des »Fertighabens« stammt aus jenem berühmten Monolog von Giovanni Trappatoni, der behutsam begann und in die deutsche Mediengeschichte einging: »Ein Trainer sehen, was passieren in Platz. In diese Spiel waren es zwei, drei oder vier Spieler, die waren schwach wie eine Flasche leer!« Doch die Ansprache sollte sich zu einer biblischen Strafpredigt steigern und in ein furioses Finale münden: »Ich bin müde jetzt Vater diese Spieler; eh, verteidige immer diese Spieler!! Ich habe immer die Schulde über diese Spieler. Einer ist Mario, ein anderer ist Mehmet. Strunz dagegen, egal, hat nur 25 Prozent dieses Spiel!« Und nach einer langen Pause schloß er mit den berühmten Worten: »Ich habe fertig.« Trappatoni sollte bald darauf nach Italien zurückkehren, sein Deutsch auf immer verstummen. Selbst beim Freundschaftsspiel seiner *squadra azurra* 2003 in Stuttgart sprach er mit deutschen Reportern nur auf Italienisch.

Auch Blumensteins Verse auf den FC Energie Cottbus verstummten mit dem Abstieg der Lausitzer. Eine beispiellose Ära ging zu Ende. Drei Bundesliga-Spielzeiten, 34 Haikus, 34 Sonette und 34 Balladen lang hatte er gedichtet, gefeiert, gelitten – mit einem in der deutschen Dichtung einzigartigen Kraftakt. Nun hatte auch er fertig. Seine Begründung für diesen Abschied war ebenso so selbstbewußt wie einleuchtend: »Erstklassige Gedichte gehören nur in die erste Liga.«

Verwendete Literatur

Bender, Tom/Kühne-Hellmessen, Ulrich: Ballzauberer. Von Addo bis Zé Roberto, Berlin 2001

Bender, Tom/Kühne-Hellmessen, Ulrich: Verrückte Bundesliga, Berlin 1998

Bender, Tom/Kühne-Hellmessen, Ulrich: Verrückte Nationalelf, Berlin 2000

Bender, Tom/Kühne-Hellmessen, Ulrich: Verrückter Europacup, Berlin 1999

Böttiger, Helmut: Kein Mann, kein Schuß, kein Tor. Das Drama des deutschen Fußballs, München 1993

Brock, Bazon: »Die Besten brechen die Regeln«, in: frame – the state of the art, Heft 12, Sommer 02, Wien 2002

Dominicus, Brigitte: Gesten und Gebärden in Darstellungen des alten und mittleren Reiches. Studien zur Archäologie, Bd. 10, Heidelberg 1994

Effenberg, Stefan (mit Mendelin, Jan): Ich hab's allen gezeigt, Berlin 2003

Eichler, Christian: »Samba mit Ramelao«, in: Frankfurter Allgemeine Sonntagszeitung, 23.6.2002

Elias, Norbert: Über den Prozeß der Zivilisation. Soziogenetische und psychogenetische Untersuchungen, Frankfurt am Main 1976

Erhardt, Heinz: Noch'n Gedicht, Hannover 1963

Faller, Heike: »Dieses Unberechenbare«, in: Die Zeit, 29.5.2002

Football, frame – the state of the art, Heft 12, Sommer 02, Wien 2002

Fußball in der Kunst. Ausstellungskatalog, Pfalzgalerie Kaiserslautern und Leopold-Hoesch-Museum Düren 1989/1990

Geers, Kendell: My tongue and cheek. Ausstellungskatalog, Paris 2002.

Goethe, Johann Wolfgang von: Werke. Hamburger Ausgabe in 14 Bänden, München 1982

Grammer, Karl: zitiert nach Sußebach, Henning: »Ein Kick sagt mehr als tausend Worte«, in: Berliner Zeitung, 31.12.1998

Gröschner, Annett: Sieben Tränen muß ein Clubfan weinen. 1.FC Magdeburg – Eine Fußballegende, Leipzig 1999

Halter, Martin: »Liebling der Götter und Mädchen«, in: Hattrick I/1995

Handke, Peter: Die Angst des Tormanns beim Elfmeter, Frankfurt am Main 1969

Handke, Peter: Die Innenwelt der Außenwelt der Innenwelt, Frankfurt am Main 1969

Handke, Peter: Ich bin ein Bewohner des Elfenbeinturms, Frankfurt am Main 1972
Harig, Ludwig: Hundert Gedichte, München 1988
Henscheid, Eckhard: An krummen Wegen. Gedichte und Anverwandtes, Zürich 1994
Herms, Uwe: »Weh, unser guter Fußball ist tot«, in: Riha, Karl (Hg.): Patio-Fußballmagazin, Frankfurt am Main 1968/1969
Herzog, Markwart (Hg.): Fußball als Kulturphänomen. Kunst-Kult-Kommerz, Stuttgart 2002
Hettfleisch, Wofgang: »Möllemanner«, in: Frankfurter Rundschau, 7.3.2003
Höfchen, Heinz: »Der Ball ist rund – Zur Ikonographie des Fußballs« in: Fußball in der Kunst. Ausstellungskatalog, Pfalzgalerie Kaiserslautern und Leopold-Hoesch-Museum Düren 1989/1990
Hoffmann, Eduard/Nendza, Jürgen: »Dionyos heißt der wahre Fußballgott – nicht Kohler«, in: Frankfurter Allgemeine Sonntagszeitung, 8.6.2003
Hornby, Nick: Ballfieber. Die Geschichte eines Fans, Hamburg 1996
Ieder z'n voetball. Het voetball in de beeldende kunst. Ausstellungskatalog, Kunsthalle Rotterdam 2000
Ingendaay, Paul: »Beckham in der Liga der Träume«, in: Frankfurter Allgemeine Zeitung, 3.7.2003
Jenrich, Holger: Das Borussia Mönchengladbach-Lexikon, Göttingen 2001
John, Johannes: »Kleiderordnungen«, in: Martínez, Matías(Hg.): Warum Fußball? Kulturwissenschaftliche Beschreibungen eines Sports, Bielefeld 2002
Kahn, Oliver: »Die Hoffnung der Menschen gibt einem den letzten Kick«, in: Süddeutsche Zeitung, 20.6.2002
Karl-Heinz Huba: Fußball-Weltgeschichte, München 2002
Kiener, Franz: Hand, Gebärde und Charakter, München 1962
Kopiez, Reinhard/Brink, Guido: Fußball-Fangesänge. Eine Fanomenologie, Würzburg 1999
Krüger, Michael: Das falsche Haus, Frankfurt am Main 2002
Küpper, Moritz: »Der wahre Welttorhüter des Jahres«; in: Frankfurter Rundschau, 15.1.2003
Marías, Javier: Alle unsere frühen Schlachten. Fußball-Stücke, Stuttgart 2000
Mickel, Karl: Schriften 2, Halle/Leipzig 1990
Moritz, Rainer (Hg.): Vorne fallen die Tore. Fußball-Geschichte(n) von Sokrates bis Völler, München 2002
Morris, Desmond: Das Spiel, Zürich 1981

Müller, Reiner A.: »Fußballspiel in der frühen Neuzeit. Soziokulturelle Voraussetzungen und sportliche Spezifika«, in: Herzog, Markwart (Hg.): Fußball als Kulturphänomen. Kunst-Kult-Kommerz, Stuttgart 2002
Nicolai, Olaf: <<rewind >> forward. Ausstellungskatalog, Stuttgart 2003
Ostermaier, Albert: »ode an kahn«, in: Süddeutsche Zeitung, 25.5.1999
Pöppl, Michael: Fußball ist unser Leben. Eine deutsche Leidenschaft, Berlin 2002
Raff, Thomas: »Lächeln, Lachen, Zähne-Zeigen. Gedanken zum Wandel der Mimik, in: Jahrbuch für Volkskunde, Würzburg/Innsbruck/Fribourg 2001
Rehberger, Tobias: Geläut – bis ich's hör'... Ausstellungskatalog, Köln 2002
Riha, Karl: »Fußball-Poesie. Improvisiert vom Leder gezogen ...« in: Herzog, Markwart (Hg.): Fußball als Kulturphänomen. Kunst-Kultur-Kommerz, Stuttgart 2002
Ringelnatz, Joachim: Gedichte Band 1, Berlin 1984
Schulz, Tilo: »Manet auf Höller, Kopfball, Tor«, in: spector – cut + paste, 1. Jahrgang, Heft 1, Leipzig 2001
Schumacher, Toni: Anpfiff. Enthüllungen über den deutschen Fußball, München 1987
Schümer, Dirk: Gott ist rund. Die Kultur des Fußballs, Berlin 1996
Scurti, Franck: Before and after. Ausstellungskatalog, les presses de Blanchard printing 2002
Simon, Sven: Fußball-Weltmeisterschaft 2002, München 2002
Steinert, Hajo: Schnellkurs Fussball, Köln 2002
Stolz, Matthias: »Wo ist der Ball?«, in: Die Zeit, 18.12.2002
Torberg, Friedrich: Lebenslied. Gedichte aus 25 Jahren, Wien/Berlin 1983
Trappatoni, Giovanni: (Ansprache an die Spieler des FC Bayern München), zitiert nach: Die Tageszeitung, 14.3.1998
Ueding, Gert/Steinbrink, Bernd: Grundriß Rhetorik. Geschichte, Technik, Methode, Stuttgart 1986
Wolf, Ror: Das nächste Spiel ist immer das schwerste. Alte und neue Fußballspiele, Zürich 1990
Wolf, Ror: Die heiße Luft der Spiele, Frankfurt am Main 1980
Wolf, Ror: Punkt ist punkt. Fußball-Spiele, Frankfurt am Main 1971
Zangs, Christiane (Hg.): Heimspiel. Fußball – Kunst und Kult, Ausstellungskatalog, Städtisches Museum Schloß Rheydt 1998

Abbildungsnachweis

S. 57 (unt.):	Baader
S. 59:	dpa
S. 65:	dpa/Villingen
S. 66:	K.-D. Gloger
S. 73:	dpa
S. 79:	Baader
S. 93:	Agentur Contrast

Der Autor bedankt sich bei allen Künstlern und Galeristen für die freundliche Unterstützung.
Die Arbeiten von Riiko Sakinnen (fotografiert von Hanna Kukorelli) stellte das Helsinki City Art Museum zur Verfügung.

Da nicht alle Fotografen ermittelt werden konnten, bitten wir die Rechteinhaber, sich gegebenenfalls an den Verlag zu wenden.

Jens Mecklenburg
Warum Männer nichts anbrennen lassen
Rezepte zum Verführen
224 Seiten. Mit 11 Abb.
Seidenglanzbuchleinen
ISBN 3-352-00695-4

Kochen ist sexy – Männer an den Herd

Ganz groß in Mode: kochende Männer. Hobbyköche schließen sich in Verbänden zusammen. Wettbewerbe lassen den Kult um den Freizeitmaître weiter wachsen. Männer am Herd gelten als sexy. Was aber macht sie so erotisch?
Hier kommen Antworten und Vorschläge, wie Mann in allen Lebensituationen Herr der (Küchen)lage werden kann. Es folgen die nötigen Kniffe und Tips, damit auch der Anfänger an Herd und Ofen das gebacken bekommt, was alle Männer am besten können: Angeben. Mit 100 Rezepten und literarischen Leckerbissen von Casanova bis Hemingway.

»Ein kulinarisches Lesebuch – macht Lust auf mehr.«
HOLSTEINER ZEITUNG

»Jede seiner 100 leckeren Rezeptideen umhüllt der Jounalist und Gastrokritiker im Plauderton mit einer unterhaltsam-anekdotischen Glasur.« KIELER NACHRICHTEN

»Nett für Frauen, die schon immer wissen wollten, was passiert, wenn Männer kochen.« HAMBURGER ABENDBLATT

Rütten & Loening

Mehr Informationen erhalten Sie unter www.aufbau-verlag.de oder in Ihrer Buchhandlung